历史与思想

第一辑

文化记忆与历史主义

陈新 彭刚 主编

HISTORY & THOUGHT

历史与思想

第一辑

文化记忆与历史主义

ZHEJIANG UNIVERSITY PRESS

浙江大学出版社

弁　言

　　我们身在历史之中，要清楚自己处境、行为的可能与不可能，少不了对纷繁复杂的历史现象进行抽象与概括，形成某种解释框架来定位自我、评估自我、设计自我。我们的历史研究，不论是当前那些似乎有各自的边界并获得独立命名的社会史、文化史、经济史、政治史、军事史等，还是在近代欧洲开始分离并追求独立发展阶段的学科史，如哲学史、文学史、史学史、艺术学史、社会学史、政治学史等，它们都在一定程度上得到了历史的名号。

　　亚里士多德在《诗学》中说过：历史记载具体事件。如果历史是具体的、特殊的，历史的意义又如何表达呢？具体的、特殊的东西对于读者而言若不能被认同而获得普遍性解释，它便永远外在于读者。历史的意义可以通过对事件细节的直接描述便传达给读者吗？姑且不论我们的口述和书写过程中必然运用各种作为抽象结果的概念，历史经验的表达从来都饱含了对普遍性的追求，否则历史意义无法实现。例如，我们现在知道，要想从历史中获取意义，两种基本的有效方式：一是叙事，对诸事件进行逻辑上的归纳和概括，得出结论，告知读者；二是叙事，等待读者在阅读时结合自我的日常经验进行类比，自我领悟。它们代表两种基本的历史表现风格。前一种叙事，作者替读者完成了概括；后一种叙事，作者提供例证让读者自行概括而得其义。不同的读者会按各自的阅读偏好评价不同的叙事风格。不过，我们对历史的任何概括，或者想令其发生效用、实现意义，都是奠基在对有限历史经验的概括和抽象之上，任何历史结论都不可能是完美的，即没有人能够对达成这个结论的充分必要条件进行完全表达。

然而，逻辑上的不可能并不能否决我们在实践中对历史的需要。就算历史只是古希腊意义上的"有用的意见"而不是那个只在理想之境中存在的"真知"，我们也常常运用历史来证明、定位、定向。或许"永恒的真知"也只能在每一个"现在"时刻才能获得作用和效果，因而成为时间掌控下的"真知"。历史从来如此，它正是由此获得了不间断的生命力。

我们这本读物，以"历史与思想"命名，还因为我们希望提供一个跨学科的交流平台。我们相信，唯有在思想的层面，不同的学科、同一个学科中的不同领域，交流的效率才可能得到提升。

在人文、社科的众多学科领域中，学者们努力处理各自学科中的普遍性与特殊性的问题，观看或参与各个学科与生活世界的信息交流。对于学者们而言，生活世界中的变幻会不断生成令以往的自我认知不能解释的现象，或者说不断涌现出新的问题，这种情形恰恰为不同学科术语的借鉴、交换、融通提供了场所。我们在借鉴、交换、融通过程中构成思想层，一个立足于差异和特殊却努力寻求认同和普遍的场所。与此同时，既然每一个学科领域都不得不重视其学科史，并且以重写学科史的方式赋予自我理解的现实以合法性，那么，现实的思想获得历史的维度与历史的思想获得现实的维度，就构成了一切历史皆为当代史和思想史的交互说明。

不同的学科史写作，可否运用共同的历史性思维？不同的研究领域，是否会面对共同的现实性问题？不同的研究者，有没有共同的价值取向？不同的研究主题，会不会受制于共同的表现策略和限度？只有存在共识，我们才可能交流，而我们也曾看到，人类的求知过程，总是表现为突破旧的共识、塑造新的共识。为此，我们希望这里可以提供一个不同学科或研究领域之间不断寻求共识的场所。一切都在历史中，一切都在流变中。常与变、静与动的辩证法正是我们的思想每时每刻都在力求领悟的。如此，我们不妨以历史为名，以思想为名，传递我们在流变世界中的点点薪火。

目 录

专 论

评 论

书　评

专

论

关于文化记忆理论

扬·阿斯曼（海德堡大学埃及学研究所）

金寿福 译

内容摘要：

　　本文的宗旨是界定和澄清文化理论所涉及的几个概念。首先，文化记忆分别与文化理论和记忆理论相关联，文化记忆理论的最大长处就是其兼容性。其次，文化包含两个方面的内容，一方面是人类为了适应和改变环境的过程；另一方面是为了构筑各具特色的群体并在生者与死者之间建立联系而进行的各种活动。文化记忆主要指后一种活动，正是借助于这种记忆，一个人的所思所想不再局限于自己从生到死的基础数据，而是超越这一限度·确认其在时间长河中的具体位置。再次，人的记忆可以分为三个维度，即个体维度、社会维度和文化维度。文化记忆所关注的是记忆的文化维度。从记忆的媒介来说，个体记忆和交流记忆是借助肉身进行的，而文化记忆则是借助象征性的客体来完成的。借助文字、符号、图画等符码进行的记忆所涵盖的时间范围巨大，所以它才能够发展成为文化记忆。人在这个世界生存需要两种记忆，一种是短时段之内的交流记忆，另一种则是长时段之内的文化记忆。文化记忆满足了人类的身份欲望。最后，在信息大爆炸的今天，以文化理论为指导，划清经典与档案之间的界限会有助于我们正确对待日益增多的知识并选取和保存必不可少的那一部分。

我在题目中使用了"文化记忆"（kulturelles Gedächtnis）这一主题词，但在文章中主要是阐述由阿莱达·阿斯曼（Aleida Assmann）与我所使用的研究方法，而不是对被称之为文化记忆的研究活动和理论作一个宽泛的介绍。[1] 我们开始文化记忆这项研究的初衷是消除概念上的含糊不清。就目前来说，文化记忆这个表述形式已经成为一个时髦词，它所表示的意域宽窄不一，确定这个概念的内涵和外延显得尤为重要。[2]

达到概念上的统一，第一步是要加以区别，因为文化记忆这一概念从一开始就具有两个不同的方面，它既可以用在

---

[1] 请比较：Aleida Assmann, *Erinnerungsräume: Formen und Wandlungen des kulturellen Gedächtnisses*, München: Beck, 1999; *Das kulturelle Gedächtnis an der Millenniumsschwelle. Krise und Zukunft der Bildung*, Konstanz: Universitätsverlag Konstanz, 2004; "Memory, Individual and Collective," in: Robert E. Goodin, Charles Tilly (eds.), *The Oxford Handbook of Contextual Political Analysis*, Oxford: Oxford University Press, 2006, pp. 210-224; Jan Assmann, *Das kulturelle Gedächtnis. Schrift, Erinnerung und politische Identität in frühen Hochkulturen*, München: Beck, 1992; *Religion und kulturelles Gedächtnis*, München: Beck, 2000.

[2] 可以参看：Astrid Erll, Ansgar Nünning (eds.), *Cultural Memory Studies. An International and Interdisciplinary Handbook*, Berlin/New York: Walter de Gruyter, 2008; *Medien des kollektiven Gedächtnisses. Konstruktivität - Historizität – Kulturspezifität*, Berlin/New York: Walter de Gruyter, 2004. 关于文化科学领域的记忆研究，读者可在下面书中获得简明扼要的介绍：Astrid Erll, *Kollektives Gedächtnis und Erinnerungskulturen*, Stuttgart/Leipzig: J. B. Metzler, 2005.

文化理论（Kulturtheorie）的范畴之内，也可以用在记忆理论（Gedächtnistheorie）的领域中。在文化理论范畴中，它专门指代文化的记忆功能，从而有别于文化当中与记忆关系不大的功能或方面。在记忆理论领域内，这一概念特指记忆中的文化方面，即个体记忆和集体记忆中受制于文化的记忆形式，因此有别于个体和集体记忆中文化色彩并不明显的记忆形式和功能。我们并不认为，文化在整体上就是一种记忆，同时也不认为，记忆完全受文化的支配或由文化建构而成。我们所理解的文化记忆理论是一种文化理论，同时也是一种记忆理论，所以，这个理论的长处就是它的兼容性。

假如从文化理论的视角考察文化记忆，如同洛特曼（Lotman）和乌斯潘斯基（Uspenski）一样，我们会很自然地把它看作人类无法（以生理的形式）继承的记忆。[3] 在自然界中，动物们借助身体中的基因结构，并且通过代代相传即由父母传授的方式获取适应环境求生存的必要技巧和能力，而人类则必须而且能够通过象征性的符号与各种视觉和听觉的符码传承相关的知识和能力，其中最为重要的莫过于语言。所不同的是，人类不仅传承这些知识和能力，而且能够积累和丰富它，因此可以在文化上得到进化，以惊人的速度超越自然所赋予人类的本能。人与动物之间存在着两大区别：首先，我们不仅生活在特定的自然环境中，而且置身于不断改善并充满象征意义的思想世界中；其次，我们人类埋葬自己死去的同胞，而且知道自身也有终结的那一天。以前的文化理论非常强调人类适应环境和借助文化统治世

---

[3]　Juij M. Lotman, Boris A. Uspenskij, *The Semiotics of Russian Culture*, Ann Arbor: Department of Slavic Languages and Literatures, University of Michigan, 1984, p. 3.

界的方面。[4] 按照这种理解，人终究还是智人（homo faber），即不断地生产越来越精致的工具，从石斧到今天的手提电脑，而且谁也不知道将来还会出现什么新玩意儿。因为手与大脑相互配合，日益复杂的工具被制造出来，随之而来的是人类愈发广博的认知能力和与此相关越来越充分和专门化的知识，人借助它更好地适应自然和宇宙的变化。在这里所涉及的文化技巧（kulturelle Techniken）和文化功能（kulturelle Funktionen）中，占据中心位置的是人类共同生活中变得越来越复杂的组织和管理任务，诸如供给、交通、管理、安全、娱乐，等等。上述内容乍看上去包含了现代文化的各个方面，但事实上，文化的实质远不止于此。

如果我们回溯人类历史早期，文化中的另外一个方面曾经占据显要的位置，即懂得要埋葬死去的同胞，意识到自己生命终结的那一天。[5] 这里所涉及的不是适应环境，更不是征服世界，而是在远远超出自己生命范畴的过去和将来之间确定自身的位置，更加直白一点地说，就是知道如何与死者或者说来世打交道。作为生活在今天的人，我们并没有感觉到上述文化功能应当占据我们生活中的核心位置，似乎这个问题并没有无可比拟的紧迫。但是，这绝不意味着它们在一般的文化理论中应当处于可有可无的位置，而只是说明，现代文化（Gegenwartskultur）失却了它本应

---

[4] 比如：Michael Tomasello, *Die kulturelle Entwicklung des menschlichen Denkens. Zur Evolution der Kognition*, Frankfurt am Main: Fischer, 2002; Merlin Donald, *Origins of the Modern Mind: Three stages in the evolution of culture and cognition*, Cambridge / Massachusetts: Harvard University Press, 1991; *A Mind So Rare: The evolution of human consciousness*, New York: Norton, 2001.

[5] 关于这个问题请参看我的两本书：*Der Tod als Thema der Kulturtheorie*, Frankfurt am Main: Suhrkamp，2001, *Tod und Jenseits im Alten Ägypten*. München: Beck，2001, J. Assmann, R.Trauzettel（eds.），*Tod, Jenseits und Identität. Perspektiven einer kulturwissenschaftlichen Thanatologie*，Freiburg/München: K. Alber, 2002.

有的平衡。在上面所讲的文化的两个方面之间，现代文化的重心严重倒向了与技术和积累相关的方面，而涉及死者和来世的方面则受到了忽略甚至忽视。从文化史（Kulturgeschichte）的整体来衡量，我们不得不承认，文化的第二个方面具有超越个体寿命的长远意义，能够帮助人在时间维度中自我调整，因此与第一个方面一样应当被视为人类社会的原始动力（Ur-Impuls）和每个人的基本需求（Grundbedürfnis）。

我们在探讨文化理论时所使用的文化记忆之概念特别强调上面所说的文化的第二个方面。毋庸置疑，文化的第一个方面即技术进步的方面也离不开记忆，因为科技知识的传承和积累必须依靠表现为信息储存和管理的记忆形式。假如没有记忆，人类只好不停地重新发明车轮，而基于第一次发明之上的继续发展则无从谈起。尽管记忆在我们借助科技适应环境和改善生活的方方面面必不可少，但是它在这些领域只是起到了辅助的、工具性的和促进的作用。而文化的第二个方面，情况则大不相同，记忆在此完全占据核心位置。正是因为借助文化而形成并制度化的社会记忆（soziales Gedächtnis），人死后依然存留在他生前所属的集体之中，每个人与自己的祖先保持着联系，也正是因为有了这种记忆，一个人的所思所想不局限于自己从生到死的基础数据，而是超越这个限度，确认自己在上下数千年的时间长河中的具体位置。宗教的雏形本来就是对死者尤其是祖先的祭奠。祖先对后世来说具有典范意义，个体和集体的生活实际上都自然而然地以祖先为榜样，而神话则为深不可测的时间赋予了可以叙述的形式。借助于此，死亡和其他生命的秘密不再是不可避免和必须逆来顺受的事件。效仿祖先和为他们奉献供品是一种记忆活动，同样，讲述和倾听神话也是记忆的表现形式。鉴于以上原因，我们建议用文化记忆这一概念特指并局限在文化的第二个方面。

文化记忆当然不局限在祖先崇拜和神话层面。所有与祖先崇拜和神话相关并基于此演变而来的现象都属于文化范畴。希腊人把记忆拟人化，称之为摩涅莫辛涅（Mnemosyne），而且以她为核心建构了神谱，视其为九个缪斯的母亲。希腊人用摩涅莫辛涅这一形象特指文化记忆，不仅用九个形式或方面加以细化，如舞蹈、戏剧、诗歌、历史书写，而且把它们托付给九个缪斯。[6] 我们认为，以上由九个缪斯所掌管的领域可以归纳为三个方面，即我们通常所说的宗教、艺术和历史。显而易见，这三个方面均发源于祖先崇拜和神话的编写及讲述活动，而且在其发展过程中演化出了诸多不同的类型（Gattungen）、科目（Disziplinen）和功能（Funktionen）。[7]

文化记忆最为原始的表现形式是为死者举行的墓葬和献祭仪

---

[6]　这里为了便于读者回忆而赘述，克里奥（Klio）主司历史，墨尔波墨涅（Melpomene）司悲剧，特耳（尔）西科瑞（Terpsichore）司合唱和舞蹈，塔利亚（Thalia）司喜剧，欧忒耳珀（Euterpe）司抒情诗和音乐，埃拉托（Erato）司爱情诗，乌拉尼亚（Urania）司天文，波吕许墨（谟）尼亚（Polyhymnia）司颂歌，卡利俄珀（Kalliope）司史诗、雄辩术、哲学和科学。希腊人用上述几个方面表述了文化中与记忆相关的部分。宗教不在其中，没有哪个缪斯专司宗教仪式，但是在许多宗教活动中，由特耳西科瑞、欧忒耳珀和波吕许墨尼亚主管的合唱、舞蹈、抒情诗、音乐（吹笛）和颂歌起到了多方面的作用。

[7]　假如我们能够达成共识，认为有必要在上述两个原始动力或者文化发动机之间加以区别，那么就必须同时承认，在每个具体的、实际存在的文化当中，二者有各种各样交叉的情况，以至于我们很难决定把文化的特定方面如哲学归在第一个功能之下还是归在第二个之下。苏格拉底把哲学称为"死亡训练"（Einübung ins Sterben），显然把哲学归在文化的第二个方面。哲学探讨的是如何正确和使用有关死亡的知识。怀特海把西方哲学定义为对柏拉图的注脚，指出了哲学研究的记忆性质，我们甚至可以说它具有类似祖先崇拜的特征。同时不可否认的是，现代哲学具有其他特征，即它使用的概念及解释模式愈来愈精细，简直成了可供"智人"使用的工具，它的定义超出了人类认识自身和适应世界的认知功能。不过，这并不等于我们应当放弃上面所强调的区分。恰恰相反，哲学这个具体的例子再一次说明了文化的两个方面，即借助技术获得进步和通过回顾进行调整即回忆。

式，这些记忆形式旨在与来世建立并保持联系。节日和仪式在奔流不息的时间长河中自成一体，使得在此期间举行的各种活动超然于日常循环往复的时间。正如神话以故事的形式加以固定和不断重现，在节日最初的功能当中，最为原本的莫过于帮助参与者与宏观时间（Makrozeit）取得联系并调整自身的方向。澳大利亚的土著人把节日称为"梦幻时间"（Traumzeit），在此期间，他们依照传说（song-lines）中的路线长途跋涉，以求与本部落的祖先取得联系。[8] 对于生活在 21 世纪的我们来说，因为具有了历史意识（Geschichtsbewusstsein），所以神话般的远古时间（mythische Zeit）早已被历史时间（historische Zeit）排挤得无影无踪，取代祖先登场的是经典（Klassiker）和圣书（heilige Schriften）。据说马基雅维利研读经典时一定要只身进入书房，并且着节日盛装，相比之下，如今旨在完成文化记忆的各种形式缺乏节日或仪式的气氛和色彩，因此很难区别于平淡的日常生活。当然，这一界限并不会完全消失，只不过不断地被推移，就是说，文化的原动力在其不可或缺的两个方面——进化方面（Fortschrittsaspekt）和记忆方面（Gedächtnisaspekt）——出现失衡已是不争的事实。[9]

在文化的记忆功能中，宗教毫无疑问占据核心位置，但是我们不应忽视基于宗教形成并被世俗化的机制在这方面所发挥的作用，尤其是艺术，以及从本源上就属于非宗教范畴的记忆形

---

[8] 请参看：W.E.H. Stanner, *The Dreaming and Other Essays*, Melbourne: Penguin Group, 2009; *White Man Got No Dreaming*, Canberra: Australian National University Press, 1979; *After the Dreaming*, Sydney: Australian Broadcasting Commission, 1969.

[9] 把文化的记忆方面与过去相联系，而把文化的进化方面与将来相联系，这无疑是错误的观念。文化的记忆方面既涉及过去也涉及将来。文化记忆中所指的在宏观时间里调整自己绝对不能说是为未来着想。同样不能接受的是，把进化的方面视为文化的基本功能，却把记忆的方面视为上层建筑。事实上，文化的记忆功能与个体和社会的最基本需求相关。

式——特别需要强调的是民族史——所具有的功能。虽然无法在文化的进化方面和记忆方面画一条清晰的界线，我们至少可以说，包含在前者中的主要是人类精神生活（Geistesleben）和内心生活（Seelenleben）中与认知相关的部分，而应当被归入后者的则是更多地与情感相关的部分。下文将对此作进一步的解释。

如果我们把文化记忆理论（Theorie des kulturellen Gedächtnisses）视为记忆理论的一种，除了以上所论述的概念鉴别以外还有其他的定义需要加以确认。我们有必要区别文化记忆和人类记忆的其他形式或方面。在人类记忆的大范围内，我们可以区分三个维度：个体维度（individuelle Dimension）、社会维度（soziale Dimension）和文化维度（kul-turelle Dimension）。严格地说，我们的记忆首先是个体行为和神经现象。心理学家、脑学家和哲学家在此领域的研究由来已久，他们的目的是确定记忆发生的具体地点，弄清记忆能力高低的原因，找寻损害记忆的病因。其次，与意识和语言一样，记忆毕竟是社会现象。只有在与其他人接触和交流的过程中，我们固有的记忆潜能才成为可能，并且存入内容和形成格局。[10]法国社会学家莫里斯·哈布瓦赫（Maurice

---

[10] 关于大脑的基本组织和记忆在生物社会方向的发展，请参看：D. L. Schacter, *Searching for memory: The brain, the mind, and the past*, New York: Basic Books 1996; *The seven sins of memory: How the mind forgets and remembers*, Boston: Houghton Mifflin, 2001; Hans J. Markowitsch, Harald Welzer, *Das autobiographische Gedächtnis*, Stuttgart: Klett-Cotta, 2002.

Halbwachs）于 20 世纪 20 年代首次强调了记忆的社会维度。[11] 上述两点涉及我们每一个人记忆中的两个方面。具体一点说，记忆一方面是我们身体当中脑细胞活动的结果；另一方面，如同我们的意识一样，记忆只有在与其他人交际中才能形成和演变。这两个方面的共同特点是它们均借助于肉身（Verkörperung）。集体记忆离开了活生生的个体便无法存在，它随着世代交替而变化，而且一旦人与人之间的交流终止便宣告消亡。

我们的论点在于，在哈布瓦赫所描述的借助肉身完成的集体记忆以外还存在着记忆的第三个维度。在这里，借助肉身的记忆（verkörpertes Gedächtnis）和超出肉身的记忆（ausgelagertes Gedächtnis）之间的界限被消解。阿莱达·阿斯曼分别用"被融合的记忆"（inkarniertes Gedächtnis）和"被分化的记忆"（exkarniertes Gedächtnis）来指称这两种记忆。[12] 鉴于以上原因，我们在集体记忆范畴之内进一步加以区分，从而把其中借助肉身的方面称为交流记忆[13]，把通过象征的形式被客体化即被分化的方面叫做文化记忆。换句话说，文化记忆在离开承载它的主体的情况下依然能够存续。我们在这里所说的离开并不意味着完全了断了关

---

[11]　请参看：Maurice Halbwachs, *La Mémoire collective*, Paris: Presses Universitaire de France, 1950; Maurice Halbwachs, *Les Cadres sociaux de la mémoire*, Paris: F. Alcan, 1925. 本书的德文译本迟至 1966 年才作为"社会学文献丛书"第 34 卷面世，译者是格尔德泽策（Lutz Geldsetzer），丛书主编为毛斯（H. Maus）和菲尔斯滕贝格（Fr. Fürstenberg），由柏林诺伊韦德出版社出版。关于哈布瓦赫的记忆理论，请参看：Gerald Echterhoff, Martin Saar （eds.）, *Kontexte und Kulturen des Erinnerns*, Konstanz: Universitätsverlag Konstanz, 2002; Annette Becker, *Maurice Halbwachs, un intellectuel en guerres mondiales*, Paris: Viénot, 2003; Hermann Krapoth, Denis Laborde（eds.）, *Erinnerung und Gesellschaft. Mémoire et société. Hommage à Maurice Halbwachs*（1877-1945）, Wiesbaden: VS Verlag für Sozialwissenschaft, 2005.

[12]　Aleida Assmann, "Exkarnation: Über die Grenze zwischen Körper und Schrift," in: Alois M. Müller, J.Huber（eds.）, *Interventionen*, Basel: Stroemfeld, 1993, pp. 159-181.

[13]　关于这个问题可以参看：Harald Welzer, *Das kommunikative Gedächtnis*, München: Beck, 2002.

联。有一种相当普遍的错误观点需要坚决予以反驳，即以为我们主张物体也具有记忆，根本不需人赋予它们特定的记忆。毫无疑问，记忆存在的必要前提是具有相关意识的人的出现。同样不言而喻的是，一个人的记忆并非从天而降，他只有在与其他人进行交流的时候才产生记忆，而且在与他人进行沟通的时候不可避免地涉及物体，诸如文字、图画、地域、仪式、饮食、气味、声音。因为我们有意或无意地在这些客体上投入了记忆，它们能够唤起和激起我们的记忆。[14] 无论是一个集体、一个民族还是一个文化都不可能"具有"记忆，更不用说档案、建筑或者诸如普鲁斯特小说中的著名小甜饼之类的物体。不过，集体、民族、文化和宗教能够"创造"记忆，因为它们可以建造纪念碑，把特定的文本确定为圣典，或者颁布节日，而上述集体中的个体还能够写日记和装相册。[15] 不仅如此，由此产生的记忆还经常无意识地被储存在声音、气味、景象和物体上，而且十数年之后，让人借助这些承载物唤回记忆。按照普鲁斯特的说法，我们必须区分有意识的记忆（willkürliches Gedächtnis）和无意识的记忆（unwillkürliches Gedächtnis），无论上述哪种情况，如果不是被分化的记忆借助了象征符号和物体，个体的记忆就不可想象。世界上之所以存在我们称之为记忆的东西，原因在于世上不仅有人，而且他身处与其息息相关的物质世界，同时，他又与他人朝夕相处并创造着文化。文化的个体维度、社会维度和文化维度互为前提，缺一不可，只有在充分考虑这三个维度的情况下，我们才有

---

[14] 参看：A. Assmann, "Das Gedächtnis der Dinge," in: Alexandra Reininghaus （ed.）, *Recollecting. Raub und Restitution*, Wien: Passagen-Verlag, 2009, pp. 143-150.

[15] A. Assmann, "Memory, Individual and Collective," in: Robert E. Goodin, Charles Tilly （eds.）, *The Oxford Handbook of Contextual Political Analysis*, Oxford: Oxford University Press, 2008, p. 216.

可能比较全面地探讨记忆。

在我们看来，具有决定意义的界限不是在个体记忆（individuelles Gedächtnis）与交流记忆（kommunikatives Gedächtnis）之间，而是在借助肉身完成的记忆与借助象征性的客体所进行的记忆之间。[16] 我们之所以作这样的区分，原因在于后两种记忆的时间范围（Zeithorizont）。我们个体的记忆随着生命的终结而消失，交流记忆一般持续三代，即八十至一百年的时间范围，而借助象征性的客体实现的记忆则可以横跨上千年的时间范围，因为这种记忆的承载物是文字、符号、图画等。正因为这种记忆所经历的时间范围巨大，它才发展成为文化记忆。我们或许可以说，人必须首先经历时间的厚度（Zeittiefe）或者深厚的时间（Tiefenzeit），然后才得以确认自己在这个世界的位置。也正是在这一点上，文化理论与记忆理论相互重叠。我们有理由说，人在这个世界生存需要两种记忆，一个是短时段之内的交流记忆，另一个则是长时段之内的文化记忆。当然，因为我们使用文字，两种记忆形式之间原本存在的明显界限越来越模糊，人类学家扬·范西纳（Jan Vansina）因此称这个界限为"移动的间

---

[16] Jeffrey Prager, *Presenting the Past. Psychoanalysis and the Sociology of Misremembering*, Cambridge/Massachusetts: Harvard University Press, 1998. 普拉格在书中把记忆分为"借助身体的记忆"（embodied memory）和"借助物体的记忆"（embedded memory）。

隙"（floating gap）。[17] 在一个没有文字的文化中，个体只能借助节日和仪式进行文化记忆，即与创世时的远古取得和保持联系。在这样的文化里，上面所说的短时段和长时段很清楚地表现为平日（Alltagszeit）和节日（Festzeit）。我们拥有过去的程度决定于我们进行回忆的能力，对于置身在上述文化中的先民们来说，他们只有不断地进行回忆才不至于与过去断线，而回忆的主要形式就是借助仪式重现过去。仪式的此种功能在很大程度上保留至今。文化记忆离不开支撑它的环境、机构以及相关的人员，诸如图书馆、博物馆、学校、剧院、音乐厅、乐团、教堂、犹太会堂、清真寺，教师、图书管理员、牧师、犹太拉比、伊斯兰教长。没有上述机构、媒介和专业人员，我们就无从谈起文化记忆。另一方面，我们还可以借助文化记忆为我们的生活赋予两种不同的时间，但是这样的文化记忆需要我们不断地进行维护。从这个意义上说，文化记忆既可以被操纵，也可以被摧毁。

乔治·奥威尔在其小说《1984》中描画了一幅可怕的社会画面。在这个社会里，人们生活在由统治者所规定的"永恒的当下"（ewige Gegenwart）。掌权者有系统地消除和销毁遗迹和痕

---

[17] 请参看：Jan Vansina, *Oral Tradition as History*, Madison: University of Wisconsin Press, 1985. 本书首次于 1961 年以法文出版，题为 *De la Tradition Orale*，英文第一版于 1965 年在伦敦发行。假如向一个没有文字的部落的成员询问该部落的历史，他会追述大约八十年以来涉及其部落的许多事情，这八十年相当于一个部落中的三代人通过交流记忆传述往事的时间段。他也能够讲述更加遥远的过去，有关他先祖的事迹和当时确立并始终有效的部落秩序。在最近八十年与遥远的过去之间有一个他无可奉告的记忆空白，范西纳称此为"移动的间隙"。范西纳说："人的历史意识当中有两部分内容，其一是关于起源时期，其二则与近期相关。因为起源时期与近期之间的界限随着世代的交替而推移，我把每一代人记忆中的这块空白期称为'移动的间隙'。对于 19 世纪 60 年代生活在今刚果境内的提奥人（Tio）来说，这个移动的间隙大约处在 1800 年，而对于生活在 20 世纪 60 年代的提奥人来说，这个间隙则推移到大约 1880 年。"范西纳的这一考察结果非常强烈地证实了区分交流记忆与文化记忆的正确性。

迹，结果，这个社会里根本不存在文化记忆。即便是那些在大革命之前出生的老人也无法回忆往事，所以不知道从前是否与今天有所不同，因此既不能说今不如昔也不能说今非昔比。人们只能借助交流记忆，但是由于掌权者的严厉控制，没有人敢发表与众不同的见解，交流也就成为多余的东西。奥威尔的小说反映的是他对斯大林主义和法西斯主义的感受和理解，他以虚构的手法对一种倾向作了预测，在他看来，这种在历史上出现过多次的倾向在20世纪的独裁政权中达到了登峰造极的程度。显而易见，文化记忆不仅能够对当下起到支撑作用并使其合法化，而且也可能成为批评，甚至构成颠覆性和革命性的机制。

　　有人或许提出异议，认为我们在此所说的文化记忆从本质上说并非记忆，而只是知识而已，因为所涉及的不是自己所经历的事情，既不是祖先所经历过的，也不是其他当事人的经验。如果说到第二次世界大战和大屠杀，至今还有幸存者保存着他们对此的记忆，可谓真正意义上的记忆。按照通常的说法，1870—1871年的普法战争和1861—1865年的美国南北战争属于历史，而不是记忆，因为已经没有经历过这两次战争的证人。[18] 不过我们以为，普法战争和美国南北战争均没有超出记忆的范畴，而只是由交流记忆过渡到了文化记忆。往事并不一定因为没有了活着的见证人，即被融合的记忆，就变成冷酷的知识，因而成为客观历史研究的对象。塞尔维亚人在阿姆塞勒菲尔德（Amselfeld）抗击土耳其人的战争爆发于1389年，虽然前者遭受失败，但是他们

---

[18] 哈布瓦赫明确区分记忆（mémoire）和历史（histoire）。回忆自己经历过的事或者从亲历者听见的事总是充满感情色彩，可谓"冒着热气"，而被分化的过去（exkarnierte Vergangenheit）则显得冰凉，因为它已经变成了无感情色彩的知识。

用英雄诗歌描写和歌颂这次战争，甚至以神圣历法的形式加以纪念，使之成为他们文化记忆和政治神话的核心，及至 20 世纪 90 年代，塞尔维亚人的政治行动仍然以灾难性的形式受此影响。如果说 1389 年对塞尔维亚人来说如此举足轻重，那么伊斯兰教历的元月十日对于什叶派教徒来说无异于在他们心中打上了无法抹去的烙印。在这一天，先知的孙子侯赛因在卡尔巴拉（Kerbela）战役中遭受埋伏，不仅他本人被杀，而且先知的其他大部分家属也遭屠戮。什叶派教徒在每年的元月十日过阿苏拉节，他们以自答的形式纪念这场灾难，使得他们对此的记忆一直保持鲜活。类似的例子在所有宗教和社会中都不鲜见。这些日子之所以构成记忆的对象，而没有成为寻常的历史知识，其原因在于它们所具有的不同寻常的感情色彩。我们在这里应当区分认知和情感，一个是例行公事式地面对过去，另一个则是充满感情地对待过去。

我们现在可以从记忆理论的角度进一步审视一下，人们带着感情色彩参与到往事之中的原因何在。在这个体验往事的过程中起到关键作用的实际上是记忆的"自我认知功能"（autonoetische Funktion），这一功能与我们的时间观念（Zeitsinn）密切相关，能够帮助我们认清自己的身份。正如社会学家托马斯·卢克曼（Thomas Luckmann）所强调的，人的身份由时间沉淀而成[19]，而记忆在其中犹如一个必不可少的器官，它从时间和自我两个原料不间断地制造出身份这一合成物。我们在时间长河中能够调整自己，这句话意味着，我们首先要知道我们自己究竟是谁，从而形

---

[19] Thomas Luckmann, "Remarks on Personal Identity: Inner, Social and Historical Time," in: Anita Jacobson-Widding（ed.）, *Identity: Personal and Socio-Cultural*, Stockholm: Academiae Upsaliensis, 1983, pp. 67-91.

成适时的身份（diachrone Identität）。在决定我们个体的人生周期以及我们的自我形象（Selbstbild）和世界观（Weltbild）的时间中，卢克曼区分了三种时间：内在的或生物学上的时间，它调解我们对饮食和睡眠的需求；社会时间，我们在其中表现为行为主体；历史时间，我们试图对过去作出解释并预知未来。这三种时间不仅与我们所说的记忆的三个维度相吻合，即个体的、社会的和文化的维度，而且与身份的三个层面一致，即内在层面、社会层面和文化层面。这三个层面由内依次向外，首先是灵魂深处的自我（古代埃及人称之为"心"），然后是通过与人交流并在他人的认可下形成的社会人（soziale Person），最后是依靠教育和训练而获得的文化身份。[20] 显然，文化记忆对于我们来说不可或缺，只有借助它和它所蕴含的深厚的时间，我们才有可能确认我们的身份和我们的归属。

　　不难看出，人具有一种确立适时的身份的需求，我们或许完全有理由称它为身份欲望（Identitätstrieb）。正是这一欲望使得我们的记忆带有感情色彩，使之有别于知识。需要强调的是，这个欲望在上面所说的记忆的三个维度中都产生作用，即在个体的（individuell）维度、交流的或社会的（sozial）维度和文化的或宏观社会的（makrosozial）维度。这种欲望尤其在政治层面上有可能导致难以预料的、灾难性的后果，我们已经在上文用塞尔维亚人的民族主义一例对此作了说明。因为这个棘手的问题，有人强烈反对使用"集体身份"（kollektive Identitä）这一术语，其著名代表就是历史学家卢茨·尼特哈默尔（Lutz Niethammer），似乎

---

[20]　关于文化科学界对记忆的研究，埃尔（Erll）在其著作中作了非常精辟的总结，参看：Astrid Erll, *Kollektives Gedächtnis und Erinnerungskulturen*, Stuttgart/Leipzig: J. B. Metzler, 2005.

我们避讳了这个词，它所包含的潜能就可以被消减。恰好相反，正因为这个术语可能导致危险的后果，我们有必要更加仔细地以批判的角度理清该词的概念。所有的群体，如家庭、体育协会、市民团体、大学、党派、教派、宗教、民族，都会逐步发展出自己的形象，其基础就是适合和符合自身的经历、历史、神话、传说、仪式、习俗、图画、符号，等等。由此形成的集体身份不仅是集合而成，而且其强度也不尽相同。民族主义究其根本就是一种政治身份，只不过这种身份被提高到世界观的高度，而且不允许任何人有丝毫的异议。

完全与过去隔离开来生活，这对于我们人类来说是一件不可想象的事情。对此，哈布瓦赫提出了一个极具结构主义味道的理论。他说，过去是否存在以及它存在的程度都取决于它是否被回忆以及以何种形式被回忆，而且一个人只能从他所处的现时出发去对过去进行回忆，因此会受制于他当时的处境。也就是说，过去总是当下的构造物。不过，有关第二次世界大战和大屠杀的记忆使我们意识到，这个理论有其局限性，因此必须用沃尔特·本雅明（Walter Benjamin）的真知灼见来加以补充。本雅明在其历史哲学的研究过程中强调了以下观点，每一个当下都决定于过去，这个当下不仅展现过去所憧憬的未来，而且有义务偿付自己的过去所欠下的债务，实现自己的过去未能付诸现实的希望，为自己的过去承担责任。不难看出，即使在我们现今这个世俗化的时代里，死者与生者之间的关系多么密切。与死者保持联系并替他们承担责任，这一点仍旧是文化的核心主题。在文化记忆的政治和历史方面，记忆的感情和道德层面显得异常突出，这一点在以认知和技术方面为中心的进化理论和现代化理论中遭到了忽视或者掩盖。

最后，我想阐述另外一个需要加以区别的问题，不过这个问题不是涉及文化记忆与其他记忆形式之间的差别，而是关乎文化记忆内部必须澄清的概念。这就是由阿莱达·阿斯曼演绎出来的经典（Kanon）与档案（Archiv）之间，即实用记忆（Funktionsgedächtnis）与存储性记忆（Speichergedächtnis）之间的区别。[21] 只有在有文字的文化中，我们才有必要强调这种区别。在一个没有文字的文化里，除了那些对当下有意义和有用的东西以外，其他一切迟早会被遗忘，而在有文字的文化中，许多文字材料被馆藏。我想举几个非常具有启示作用的例子来说明这个问题。古代希腊和罗马的许多文献在之后的若干世纪里失传，也就是说在文化传播中遭到断流，但是其中的一部分在修道院里得到保存。它们此后被重新发现，从而引发了我们称之为文艺复兴的文化革命。秦始皇的焚书坑儒毁掉了不少儒家文献，但是之后零星面世的抄本终究构成了中国古典文化的基石。在古姆兰（Qumran）和纳格哈马迪（Nag Hammadi）发现的、抄写在纸草卷和羊皮纸卷上的经文对我们当下所发生的作用不可估量，其绝不是单单引起了我们好古的兴趣。因为正是借助文字，我们的文

---

[21] 请参看：A. Assmann, "Speichern oder Erinnern? Das kulturelle Gedächtnis zwischen Archiv und Kanon," in: Moritz Csáky, Peter Stachel （eds.）, *Speicher des Gedächtnisses: Bibliotheken, Museen, Archive. Teil 2: Die Erfindung des Ursprungs. Die Systematisierung der Zeit*, Wien: Passagen-Verlag, 2001, pp. 15-29; "Speichergedächtnis und Funktionsgedächtnis in Geschichte und Gegenwart," in: Peter Rusterholz, Rupert Moser （eds.）, *Wir sind Erinnerung. Berner Universitätsschriften, Band 47*, Bern: Haupt, 2003, pp. 181-196; "Funktionsgedächtnis und Speichergedächtnis. Zwei Modi der Erinnerung," in: K. Platt, M. Dabag （eds.）, *Generation und Gedächtnis: Erinnerungen und kollektive Identitäten*, Opladen: Leske & Budrich, 1995, pp. 169-185.

化记忆才得以呈现出完整的轮廓，而且有轻有重，有前有后。[22]一个经典的形成（在一个有文字的文化中表现为经典有别于单纯的档案）首先与文化记忆的身份功能相关，因为被封为或者被奉为经典的东西有助于相关的人塑造自我形象。经典的此项功能表现为它的规范性（normativ）和定型性（formativ）的动力，即一个社会把什么加以保存，又把什么传给下一代。这些被保存和代代相传的东西对它们所属的社会具有高度约束力，因而是必不可少的。

经典与档案当然并非一成不变，它们之间的界限也不断的移动，所以，文化记忆随着历史的演变和依据不同的历史经历不断改变和更新。经典对于相关的人来说无异于行为的准绳和衡量真理与谬误的标准，这些人以此来塑造自己并调整自己，但是在每一代人的心目中，相同的经典在其价值和作用方面会有或多或少的差异。同样不可否认的是，文化记忆的某些内容具有不同寻常的重要性，因此超出了特定文化记忆的视域，成为跨文化，甚至人类普遍关注的对象。我们不应当把文化记忆视为一个单一的整体。事实上，在进行文化记忆的过程中，不仅有不同的声音，而且使用的材料多样，方法也不尽相同。在文化之间的关系方面，文化记忆应当采取开放的心态，当然这并不是说文化记忆是混乱或者随意的。关键在于，文化记忆应当在尽可能普遍化的文化身份基础上建构并投入情感，以求最终达到共同的没影点（Fluchtpunkt）。

只有在涉及宗教的特殊情况下，被确定为经典的文献无论

---

[22] 关于促进经典形成的动力，参看：A. Assmann, Jan Assmann (eds.), *Kanon und Zensur*, München: Fink, 1987.

在篇目的数量，还是在它们的顺序等方面一成不变。[23] 我们不禁要问，为什么那些声称具有普遍真理的世界性宗教（Weltreligionen）——而且说起来也只有这些宗教——都把特定的宗教文献奉为经典，不仅引发了相关文化记忆领域内巨大的变化，而且确立了此后的文化记忆模式。应当如何解释真理、文字和记忆三者之间的联盟关系（Allianz）呢？为什么那些在历史长河中逐步形成的原生宗教却没有类似被奉为经典的圣书，有的只是数量很大的宗教文献，它们与文化记忆中的其他文献一样随着时代的变化在内容和地位上都有所变动？这其中的原因有很多，而最根本的原因是一种全新的集体身份得以形成。这种与世界性宗教的诞生相辅相成的集体身份不是基于种族、政治和（或者）文化的归属，而是基于宗教信仰，而且信仰上的认同超越了所有其他因素。[24] 某个宗教一旦拥有了如此至高无上的经典，信奉它的人们就能够经得住流亡的考验，他们不仅善于传教，而且还能促使信仰其他宗教的人皈依。[25] 我们都知道，犹太教中圣典的形成与流亡的经历——巴比伦之囚和迁徙到亚历山大——密不可分。犹太人在历史上曾经多次陷入绝境但是每次都大难不死，比如公元前722 年北部王国灭亡之际，公元前 587 年耶路撒冷被毁之时，当

---

[23]　这一点严格地说只适用于希伯来圣经、基督教圣经和伊斯兰古兰经，即三个均与亚伯拉罕有关的神圣宗教经文。产生于东方的经典，如佛教的巴利语经文、耆那教经文、儒家经文和道家经文并没有如此严格的传承模式。

[24]　犹太教应当说是一个难以确定的例外情况，因其种族和信仰两项标准交织在一起。一个人不再遵守圣典里的法规，那么他究竟还是不是犹太人，一个非犹太人皈依了犹太教，难道他真的成为完全的犹太人？相比之下，基督教、伊斯兰教和佛教完全是基于圣典的宗教。这三个宗教中，表现为宗教经典的文化记忆使得信徒们原先的种族和文化身份变得无足轻重。

[25]　犹太教确实没有传教，但是我们不能忽视另外一个事实，即犹太人借助他们的圣典经受流散的考验。从结构上说，犹太人在异国他乡靠圣典保持身份的能力与其他宗教的信徒跨过种族、文化和政治的界限传教的热情有很大的可比性。

他们的国土沦为罗马帝国一个行省的时候，当他们被塞琉古统治者奴役的时期，尤其是经历大流散的年月中。他们重新确认和强化集体身份的工具就是在上述灾难中逐渐成形的《希伯来圣经》，正是它帮助犹太人克服了各种艰难险阻。这部圣典构成了犹太人集体身份的牢固支撑点。犹太人当时没有属于自己的国家，因此谈不上政治上的主权，这意味着他们失去了通常意义上的记忆稳定剂，因此只能在圣典当中找寻其在文化上生存下去的路径。文化借助圣典得以维系的例子在古代巴勒斯坦地区和印度都曾出现过，正是在这样的过程中，佛教、基督教和伊斯兰教奏着凯歌传到世界各地。这些宗教的成功史充分证明了新的记忆体系（Gedächtnisstrukturen）与新的身份体系（Identitätsstrukturen）之间的相互关系。

大约在巴勒斯坦和印度生成宗教经典的同时，在亚历山大发生了可以与之相提并论的情况，而且尤其值得强调的是，恰好是这一文化进程奠定了此后西方文明的基石。为了对收藏于亚历山大图书馆的数量巨大的书籍有个总体的把握，所以在此耕耘的学者们区别对待他们所要讨论的少数作者及其著作与其他众多作者及其著作。他们在众多的希腊剧作家中选择了埃斯库罗斯、索福克勒斯和欧里庇得斯，而且在他们三位剧作家数量可观的作品中也作了选取。如同记忆一样，经典的形成同时也是一个遗忘的过程。没有被选为经典的东西至多能够在档案馆中求得存续的机会。亚历山大图书馆曾经保存数不胜数没有被上述学者们探讨的文献，可惜它们当中的多数后来被付之一炬。应当说，没有被贴上经典的标签却因为埃及荒凉的沙漠，或者因为凯尔特和叙利亚修道士们的抄写和翻译以及拜占庭语言学家们的收集而得以保存下来的文献充其量构成原有图书总量的冰山一角。经典的作用犹如一盏探照灯，它把文化记忆领域内的那一部分照得通亮，而未能受到它照射的地方反倒变得漆黑一片。我们个体的记忆事实上也是如此。正因为小马塞尔长大以后仍然清楚地记着，他小时经常怀着一种恐惧不安的心情猜测母亲睡觉前会不会来吻他一下。受此影响，他头脑中的整个贡布雷小城都陷入一片黑暗之中，唯独他的卧室因被聚焦而清晰地浮现在脑海中。多年以后，当马塞尔·普鲁斯特品尝他儿时所熟悉的泡在椴花茶吃的甜饼的时候，那些被淹没的景象才得以重新浮现。

我们今天对待文化记忆的双重方式很自然地让人想起上面所提到的古代亚历山大的情形。一方面，我们设法保存所有重要的东西，如在不断变大的国家和大学图书馆里，并且编制应当被保护的建筑、城区、景点名录，不惜花费超出想象的人力和物力；而在另一方面，因为需要保存和保护的东西实在超出了我们的实际能力，我们只好确定哪些东西是万万不能遗忘或丢失，即把它们奉为经典，这犹如诺亚用方舟拯救生命的种子。当然，这些需要保存的东西不是受到被毁坏或毁灭的威胁，而是面临被淹没在书籍、图画、建筑、图像的汪洋大海中的危险。如果把存储在互联网中的信息也包括进来，我们身边的知识即使用海洋形容也绝对不为过。这个知识的或者说信息的汪洋大海无异于又一次大洪水，而我们试图保存其中若干的尝试犹如诺亚建造方舟。仅印刷品而言，每年世界各地有大约四十万册书面世。面对这些潮涌般的新书，那些确实有用和珍贵的书籍应当如何应对，它们怎样才能有别于多数昙花一现的书籍，如何让人们重复阅读它们，让它们得到再版，一直成为人们必不可少的枕边书？这当然不是一言两语就能说清楚的事情，其中含有无法探究的秘密。换句话说，经典不仅像所有的作品一样有一次降生的经历，即被印刷、被绘制、被谱写、被建造，而且有其再生的福气，我们甚至可以说它们享受永恒的生命。很明显，文化记忆与永生或者追求永生的愿望具有某种关联。

我们可以把作品的生命分为"使用寿命"（Gebrauchsleben）和"记忆寿命"（Erinnerungsleben）。这种二分法与上文提到过的平日与节日之间的区别、交流记忆与文化记忆之间的区别相类似。我们在这里再一次涉及文化记忆与人的时间意识之间的关系。我们知道我们在尘世的生命有其终结的一天，而文化记忆帮助我们在远远超出今生的地平线上开辟出一个永恒的时空。我们确实需要这样的时空，因为我们一方面明了我们生命的有限性，另一方面还要正视这一严酷的事实。正是借助记忆，我们不同于其他所有生物。我们能够思索生前和死后之事并意识到我们生命的局限性，所以，我们才有必要融合确立身份的冲动和长生的愿望发展出一个长效记忆（Langzeitgedächtnis），目的是为了在日常生活的短暂记忆（Kurzzeitgedächtnis）尽头建构起一个空间，以便我们能够从容地作出取舍，不断地回想，在文化的深厚时间中正确地自我定位。

Abstract

This article aims at clarifying several concepts concerning the theory of cultural memory. First of all, the theory of cultural memory is both connected to the theory of culture and that of memory. The advantage of the theory of cultural memory lies in its compatibility. Secondly, the contents of culture could be divided into two categories, the first one covers human experience of dealing with the nature; the second one includes human activities in constructing various social units and establishing connections between the living and the dead. The theory of cultural memory refers to the second category. It is through cultural memory that we humans think far beyond the limits of our brief lifetime, and ascertain our place in history. Thirdly, our memory has individual, social and cultural dimensions. The theory of cultural memory concentrates on the third dimension. From the aspect of the medium of memory, individual and collective memory is carried out by means of human organs, while cultural memory by way of symbolic objects, including writing, signs and pictures, which are capable of maintaining memory for a long time. Cultural memory helps satisfy our desire for identity. Last, the theory of cultural memory distinguishes between canon and archive and therefore will enable us to select and keep the indispensable part from the immeasurable amount of knowledge.

评述扬·阿斯曼的文化记忆理论

金寿福（首都师范大学历史学院）

内容摘要：

本文首先简单地回顾了西方记忆理论的发展历史，然后描述了阿斯曼于 20 世纪 80 年代提出文化记忆理论的时代背景，强调了这一理论在文化和记忆研究领域承上启下之重要意义，着重说明了阿斯曼的文化记忆理论基于哈布瓦赫的集体记忆理论，但在解释人类各种文化现象时明显优于后者的事实。文章的第三部分介绍了阿斯曼文化记忆理论的古代史基础。作为埃及学家，阿斯曼最早从研究法老文明的过程中总结出了文化记忆理论，对该文明中若干重大问题提供了全新的研究视角，提出了不同寻常的解读模式。文化记忆理论的最大特点就是以宏观的视角审视和衡量历史的走向，文章的最后一节涉及阿斯曼对德国现当代史的关注，简单勾勒了文化记忆理论的现实意义。

一、记忆与集体记忆

古希腊人很早就发明和发展了记忆术（ars memoriae 或 memorativa），据称它的发明者是生活在公元前 6 世纪的古希腊诗人西蒙尼德（Simonides）。这种记忆术把被记忆的事件置于具体的环境，或者与印象深刻的象征物相联系，或者与一连串意象相连接，[1] 不仅方便和强化人们的记忆，而且使得他们有次序和有条理地进行各项活动。古希腊人擅长雄辩术和逻辑，这是他们熟谙记忆术的结果，也促进了他们的记忆能力。按照希腊人的想象，有一位名叫摩涅莫辛涅（Mnemosyne）的女神主掌记忆。不仅如此，她的九个女儿分别主司颂歌、抒情诗、音乐、悲剧、历史书写等赞美神灵、祭奠祖先和反思生命的精神活动。古罗马人将记忆术归为修辞学的五个组成部分之一。生活于公元前 1 世纪的古罗马政治家和演说家西塞罗在其著作《修辞学》（*Rhetorica ad Herennium*）中区分了"自然的（natürlich）"和"人为的（artefiziell）"记忆。记忆术是"人为"记忆的基础，个人可以借助它储备大量的知识以供日后使用，比如用来进行辩论。[2]

古代以色列人也曾经拥有特殊的记忆模式。它表现出两个明显的特征：一是记忆呈现为长辈向晚辈口头叙述，而且是通过讲故事的形式。从远古的创世到祖辈的功绩，从人类的堕落到先知的救赎活动，所有这些以往的人和事都可以一代一代地被追溯。由于讲述人融入了个人的感情色彩，所以这些故事的作用因受众

---

[1] J. Assmann, "Kulturelle Texte im Spannungsfeld von Mündlichkeit und Schriftlichkeit," in: A. Poltermann（ed.）, *Literaturkanon-Medienereignis-Kultureller Text. Formen interkultureller Kommunikation und Übersetzung*, Berlin: E. Schmidt, 1995, pp. 270-272.

[2] 西塞罗：《论演说家》第 2 卷第 86 章，第 351-354 页。

及其所处环境不同而各异。二是记忆借助宗教的权力和感召力，有利于个体或集体的记忆形成极其固定的格式，从而拥有了神圣的意义。对于古代以色列人来说，记忆是人类意识的原始形式，具有神圣的意义，它明显有别于现代人的历史意识。犹太人通常被视为最善于记忆的民族，他们几乎到了现代才部分地接受了历史这个概念，因此现代犹太史学并没有完全代替犹太人的记忆。[3] 简言之，记忆不失为包括以色列人在内的古代先民确定和强化存在意识的重要方式，但是它被后来的理性化所破坏。

古希腊人的记忆术在中世纪得到传承和发展，在文艺复兴和启蒙运动时期，西方先哲们又注意到记忆与个体和集体身份之间的密切关系。洛克曾说世上没有独立存在的身份，它必须借助记忆不断地加以建构和重构。在他看来，人首先要弄清楚自己的过去，并把过去的自我与现今的自我连接。不仅如此，过去的一切也不是一成不变的，而是需要不断地重构和展现。记忆（不管是个体记忆还是集体记忆）在反映过去的时候，其差别不容否认，不仅其内容有别，记忆的方式也不尽相同。[4] 按照洛克的见解，每个人在通过记忆重现过去的时候都有其倾向性，一场战争既可以被解释为一次天启，也可以被记录成政治风云录，或者作为痛苦的经历留在记忆中。从这个意义上说，历史不过是文化记忆的一

[3]　J. Assmann, "Fünf Wege zum Kanon. Tradition und Schriftkultur im alten Israel und frühen Judentum," in: Ch. Nyiri (ed.), *Tradition. Proceedings of An international Research Workshop at IFK, Vienna, 10-12 June 1994*, Wien: Internationales Forschungszentrum Kulturwissenschaften, 1995, pp.45-48; J. Assmann, "Re-Membering. Konnektives Gedächtnis und jüdisches Erinnerungsgebot," in: M. Wermke (ed.), *Die Gegenwart des Holocaust. 'Erinnerung' als religionspädagogische Herausforderung*, Münster: LIT, 1997, pp. 30-31.

[4]　J. Assmann, "Schrift-Kognition-Evolution. E. A. Havelock und die Technologie kultureller Kommunikation," in: E. A. Havelock, *Die Schriftrevolution im antiken Griechenland*, Weinheim: Wiley-VCH Verlag, 1990, pp. 1-36.

种形式而已。英国历史学家弗朗西斯·耶茨（Yates）在她的经典著作《记忆的艺术》一书中对记忆这个直到 17 世纪仍然十分盛行的传统作了梳理和总结。[5] 之后，以此为基础的记忆研究论著可以说汗牛充栋。[6]

在 18 世纪，随着史学逐步被视为如同自然科学一样的严谨学科，记忆被认为是靠不住的信息来源，因而很难佐证历史事实。学者们相信，单凭记忆保留下来的东西比有文字记载的更容易被误解、歪曲和遗忘。记忆似乎与民间传说之类相关，而历史则要依靠科学的考证，记忆遂成为不能登大雅之堂的雕虫小技。另外，正如历史学家科泽勒克（Reinhart Koselleck）所说，1750—1850 年的一百年可谓"过渡期"（Sattelzeit）。从那以后，现代社会日益把眼光投向未来，政治、科学和文化不再把主要精力放在保持传统，而是沉浸在发明和发现新事物。记忆的作用也不再是保持社会不可缺失的过去，而是为层出不穷的变化和变革鸣锣开道。[7]

20 世纪伊始，不少学者开始强调记忆对一个国家、一个民族所具有的安身立命的重要性。1902 年，霍夫曼斯塔尔使用了"集体记忆"这一术语，暗示物欲泛滥和个性膨胀的西方社会所面临

[5]　F. A. Yates, *The Art of Memory*, London: Routledge and Kegan Paul, 1966.

[6]　如：A. Haverkamp, *Metapher: Die Ästhetik in der Rhetorik*, München: Vilhelm Fink Verlag, 2007; A. Haverkamp, *Metaphorologie: Zur Praxis von Theorie*, Frankfurt am Main: Suhrkamp, 2009; R. Lachmann, *Gedächtnis und Literatur*, Frankfurt am Main: Suhrkamp, 1990; E. A. Havelock, *Gedächtnis als Raum. Studien zur Mnemotechnik*, Frankfurt am Main: Suhrkamp, 1991.

[7]　J. Assmann, "Geschichte und Gedächtnis: Moderne Theorien und alte Ursprünge", in: M. Brenner, D. N. Myers（eds.）, *Jüdische Geschichtsschreibung heute: Themen, Positionen, Kontroversen*, München: Beck, 2002, pp. 95-103.

的集体身份危机。[8]另一方面，有关集体记忆的研究初显端倪与历史主义面临危机同时。[9]1925 年，哈布瓦赫提出了记忆为社会现象的观点，明显有别于此前过分从心理和神经学角度解释记忆的做法。哈布瓦赫认为，记忆具有或者说需要社会的框架，[10]他同时认为个体的记忆受到社会背景的制约和促进。在他看来，记忆是身份认知的核心，一旦身份成为问题或者有争议，就更凸显出记忆的重要性。因为记忆从来不是一成不变的，所以记忆的目的也不可能始终是纯洁的。哈布瓦赫《记忆的社会框架》一书的结尾处有一个著名的句子："从过去剩下来的只是人们从当下的角度能够建构起来的东西。"[11]集体记忆就是一个群体内的所有成员所共享的、有关过去的表述。哈布瓦赫强调了个体之间的交流对集体记忆的影响，他同时强调了社会象征符号和系统对集体记忆的影响，但是他忽略了个体记忆在集体记忆中所占据的位置。毕竟历史的主体是由每个个体共同建构的，个体在历史长河中的行为决定了历史的走向，没有众多个体的记忆，集

---

[8] 霍夫曼斯塔尔在一篇散文里虚构了一个名叫钱多斯（Chandos）的人物。钱多斯声称无法连贯地进行思维和书写，意指没有记忆而单靠文字将一事无成。参看：Hugo von Hofmannsthal, *The Lord Chandos Letter and Other Writings*（English translation by Joel Rotenberg），New York: New York Review of Books, 2005, pp. 116-119.

[9] 结构主义、后结构主义、后现代主义、解构主义等众说纷纭的称呼实际上是对历史这个无所不包的概念的批评或者抗议，而到了 20 世纪 80 年代末，以记忆作为关键词的新历史主义重新兴起。

[10] M. Halbwachs, *Les Cadres Sociaux de la Mémoire*, Paris: Mouton, 1925; *La Mémoire Collective*, Paris: A. Michel, 1950. 德文版分别为：M. Halbwachs, *Das Gedächtnis und seine sozialen Bedingungen*, Frankfurt am Main: Suhrkamp, 1985; *Das kollektive Gedächtnis*, Frankfurt am Main: Fischer, 1985. 关于哈布瓦赫集体记忆理论与文化记忆理论之间的关系，参看：J. Assmann, "Das kollektive Gedächtnis zwischen Körper und Schrift. Zur Gedächtnistheorie von Maurice Halbwachs," in: H. Krapoth, D. Laborde (eds.), *Erinnerung und Gesellschaft. Mémoire et société: Hommage à Maurice Halbwachs*（1877-1945），Wiesbaden: VS Verlag für Sozialwissenschaften, 2005, pp. 68-80.

[11] 自从哈布瓦赫于 20 世纪 20 年代阐述这一概念（memoire collective）之后，不少人对此提出了异议。马克·布洛赫曾指责他简单地把属于个体心理学的概念搬到文化领域。

体记忆也就成了无本之木。

我们每个人虽然自成一体，但并非绝缘于其他人的独立体。每一个"自我"都自觉或者不自觉地与"我们"相关联，而且把这个我们作为获取身份的源泉。一个人可以同时属于许多集体，他可以自愿地加入一个集体，但是在家庭、种族等方面，一个人却没有选择的余地。此外，在家庭和国家这样的集体中，对过去的共同记忆经常包含很强的感情色彩。只有那些具有特殊的意义而且在其成员看来有用的东西才被记住或者被回忆，感情还有助于被回忆起来的东西久久地存留在记忆中。一个集体的成员通过一同选择值得回忆的东西来加强集体身份，而集体身份的确立反过来又有助于记忆的恒久。

过去是根据当下的需要建构起来的，因为当下处在不断地变化之中，重构过去呈现为一项没有结点的、开放的工程。集体记忆实际上是集体自我形象的反映，而这一自我形象又是为了应付历史和政治的挑战而构建的。假如一种集体记忆长时间保持不变，可能意味着原有的挑战并没有结束，或者因为截然相反的原因，即情况变了但是集体自我形象仍旧抱残守缺，没能作出相应的调整。读者在阅读一篇文章或者一部作品的时候都自觉或者不自觉地把他们先前通过阅读或者其他方式获得的知识（Vorwissen）带入眼前的文本之中，这个已有的知识相当于背景知识。[12] 虽然建构起来的过去有虚构的成分，但是它却力量无穷。每个集体都相信与久远的人和事有关联，这些人和事构成了它们的根。这个根不仅确定和保证了相关集体的身份，而且指明了这

---

[12]　E. Domansky, H. Welzer, *Eine offene Geschichte: Zur kommunikativen Tradierung der nationalsozialistischen Vergangenheit*, Tübingen: Edition Diskord, 1999, pp. 11-13.

个集体在历史长河中的位置和前进的方向。

西方人真正开始重视和研究集体记忆是在 20 世纪 70 年代，当时自传体文学成为人们描述和了解以往岁月的重要工具。这种对过去产生的强烈兴趣还表现在各种博物馆如雨后春笋般诞生，它们规模大小不一，收藏和展出的文物种类也各异，但目的都是从不同的角度、以不同的形式展现过去。[13] 从这个意义上说，现在西方学者所说的记忆包括原来的民间史（口述史）、公众史、神话等。此外，随后不久信息技术在信息存储和信息交流方面所带来的根本性的改变促使学界接受和应用这些技术，相关的学者们深入探讨这些技术给集体记忆及其研究产生的积极和消极的影响。以城市化和全球化为特征的社会的巨大变革一方面导致了人口的大量和快速流动，另一方面使得大家庭的生活模式和居住环境逐渐消失，意味着先前以代代相传的形式维系的记忆和回忆模式逐渐消失。鉴于此，来自不同学科的学者们从各自的专业角度，或者以跨学科的方式对集体记忆及其记忆模式进行研究，以免许多以往的人与事尚未形成可以被回忆的记忆就消失了。另外，集体记忆开始占据如此重要的位置的原因还在于，不同的群体在过去的一个世纪中经历了太多的人间沧桑，心灵和肉体上的创伤需要通过记忆和回忆慢慢消化。[14]

在德国，有两个特殊的历史原因激发学者们关注集体记忆。

---

[13]　J. K. Olick, J. Robbins, "Social memory studies: From 'collective memory' to the historical sociology of mnemonic practices," in: *Annual Review of Sociology* 22, 1998, p. 105.

[14]　M. Sturken, *Tangled memories: The Vietnam War, the AIDS epidemic, and the politics of remembering*, Berkeley: University of California Press, 1997, pp. 16-17; S. Friedländer, *Memory, History, and the Extermination of the Jews of Europe*, Bloomington: Indiana University Press, 1993, pp. 78-80; M. Roth, *The Ironist's Cage: Memory, Trauma, and the Construction of History*, New York: Columbia University Press, 1995, pp. 24-30.

其一是以民主德国和联邦德国统一为标志的冷战的结束。首先，德国在分裂和冷战时期发生的事情都需要整理和编写，但是出于什么样的目的，以什么样的形式回忆并记录这段历史，却并非一件很容易达成共识的问题。其次，冷战时期政府和学界对过去的描写显然带有浓厚的政治色彩，有必要反思这一时期生成的文化记忆模式。其二，如何回忆和描写二战尤其是纳粹对犹太人的大屠杀。这里也涉及两个方面的问题。第一，二战结束以后，德国无论在政府层面还是在民众层面对二战期间的罪行都有反思和悔过，但是并不彻底。造成这种局面既有政治的因素也有道义上和良知上的因素。冷战的结束和国家的统一无疑为德国人重新回忆和审视自己的过去提供了一个难得的机会。第二，二战尤其是集中营幸存者逐渐去世，意味着亲历者的记忆不会再有，以何种形式把应有的记忆固定下来，并且确立一个回忆模式显得异常紧迫。这种集体记忆和回忆模式既要考虑死难者和幸存者，也要考虑参战的德国人和将来的德国人。

此外，大脑和神经学领域最近几十年的研究和发现证实了之前学者们从社会学等角度探讨记忆问题的研究方式。研究结果表明，存放在大脑中的个体记忆内容并非像摆放在仓库里的物品，每当回忆的时候可以原封不动地拿取。个体记忆是一个重构的过程。人可以根据其处境和具体需求建构和再现过去。实际上，回忆的过程处在主观经历、客观记录的历史事实和官方意识形态之间的张力之中。每一次回忆都是一个全新的重建，对同一事件的前后两次回忆无论从其角度和在内容上都不尽相同。[15]被回忆的内

---

[15]　H. Welzer, *Das kommunikative Gedächtnis*, München: Beck, 2008, pp. 100-103.

容所具有的意义并非固有，而是后来被加进去的，不仅取决于回忆者的当下，而且与他之后的打算相关。回忆是一个人对过去进行的积极的和有选择性的建构过程。研究结果表明，人经常很生动地回忆过去的场景，但这个场景事实上与真正发生过的事相去甚远，有时甚至截然相反；有时一个人声称亲身经历的事不过是通过交流或阅读间接得来的。即使在大脑内部，记忆和回忆也表现为多种神经组织相互合作和协调的结果。此外，一个人在接受一个信息时投入的感情越多，这个信息就会被记忆得越牢，而且回忆起来也越容易。[16]

从 20 世纪 80 年代开始，研究集体记忆的论著逐年增多。这里所说的集体包括家庭、民族、宗教、国家，等等。到了十多年之后的世纪之交，专门探讨记忆研究方法的理论著书接连面世，同时也诞生了方便相关学者进行交流的刊物。可以说，集体记忆在新兴的文化历史研究中成为最重要的概念之一。[17]

二、文化记忆

20 世纪 80 年代，德国的人文科学在理论层面出现了转折，即由此前的文本阐释为主过渡到重视信息的物质性，因为这些文本的外在因素促成了文本意义的特定结构。作为埃及学家，

---

[16] M. Berek, *Kollektives Gedächtnis und die gesellschaftliche Konstruktion der Wirklichkeit. Eine Theorie der Erinnerungskulturen*, Wiesbaden: Harrassowitz Verlag, 2009, p. 8.

[17] A. Confino, "Collective Memory and Cultural History: Problems of Method," in: *American Historical Review* 5, 1997, p. 1386; A. Megill, "History, Memory, and Identity," in: *History and the Human Sciences* 11, 1998, pp. 37-38.

扬·阿斯曼在其多年的研究中把古代埃及的物质文化与埃及人的记忆和回忆模式结合起来。[18] 1979年，阿斯曼与夫人阿莱达·阿斯曼一起联合多位不同学科但志趣相同的学者创建了一个学术丛刊，题为《文字交流的物探》（*Archäologie der Literarischen Kommunikation*）。他们的目的是把文字和文本置于文化的大背景中进行考察，不仅重视文本产生的具体社会环境，而且把视域扩展到文字和文学诞生的人类早期，以便对文字和文学对其创造者和使用者及其社会产生的影响有一个纵向的了解。他们不定期地举办专题研讨会，对共同关心的问题从不同的学科和不同角度进行探讨，然后由其中的一位或两位学者把宣读、讨论和修改过的文章结集出版。[19] 另一方面，从80年代中期，在阿斯曼的主导下，几十位埃及学家在德国研究基金会的资助下有系统地发掘位于埃及卢克索的古代埃及官吏墓群，并且结合此前总结出来的理论对发掘结果整理和发表。此后不久，阿斯曼领导的学术小组又与当时颇有影响的"康斯坦茨学派"[20] 进行合作，阿斯曼所倡导的重视文字和文本的社会语境和物质因素的研究路径得到了验证和补充。

---

[18]　记忆术基本上属于个体的行为，它主要借助一定的方法和技巧，经过练习可以掌握。记忆和回忆文化则完全依靠多人的合作，其关键问题是："我们要记住什么，不能忘记什么？"借助这个共同关心和珍视的过去，相关的人群在记忆和回忆的过程中形成"记忆共同体"（Gedächtnisgemeinschaft）。由希腊人发展起来的记忆术可能是西方独有，但回忆文化却是一个普遍现象。

[19]　迄今已经出版了11本专著，其中包括《文字与记忆》（*Schrift und Gedächtnis*）、《经典与审查》（*Kanon und Zensur*）、《文本与评注》（*Text und Kommentar*）、《秘密与公开》（*Geheimnis und Öffentlichkeit*）、《秘密与启示》（*Geheimnis und Offenbarung*）、《秘密与好奇》（*Geheimnis und Neugierde*）等。

[20]　德语名为"Konstanzer Schule"，因代表人物均任教于德国康斯坦茨大学而得名。他们的研究课题是"接受美学"（Rezeptionsästhetik），强调读者或听者接受文字信息时的思维和感情方面的投入，即文本如何、为何打动读者或者打动哪些读者。主要代表人物是古罗马文化专家尧斯（Hans Robert Jauss）和英国语言文学专家伊泽尔（Wolfgang Iser）。

阿斯曼在研究古代埃及文化的过程中整理了大量的文献并发表了许多论著，积累了丰富的经验，进而形成自己的理论。不仅如此，他还在古代以色列和古代希腊相关领域的比较研究中证实和扩展了此前在埃及学领域创建的理论。[21] 基于这些结果和结论，阿斯曼对法国社会学家哈布瓦赫的集体记忆理论作了完善和发挥。[22] 他把哈布瓦赫所指的集体记忆分为交流记忆（kommunikatives Gedächtnis）和文化记忆（kulturelles Gedächtnis）。阿斯曼的交流记忆相当于哈布瓦赫的集体记忆，而他的文化记忆则是集体记忆当中超过几代人的长时段记忆。哈布瓦赫轻视隔代的记忆，认为这种有关遥远的过去的记忆已经没有多少可信度。

如果仅仅从间隔时间的长短来衡量个体记忆的可靠性，哈布瓦赫的观点具有一定的道理，但却与他自己关于社会构成个体记忆的外围条件的理论相矛盾。交流记忆和文化记忆恰好涵盖了集体记忆中的两个方面。交流记忆与文化记忆之间最根本的区别在于它们各自不同的存续时间。交流记忆是短暂的，可以被称为短时记忆，因为交流记忆的承载者是仍然活着的见证人，交流记忆所借助的媒介是对话即交流。只要一个基于共同经历的集体内的

---

[21]　J. Assmann, "Ägypten in der Wissenskultur des Abendlandes," in: J. Fried, J. Süssmann（eds.）, *Revolutionen des Wissens. Von der Steinzeit bis zur Moderne*, München: Beck, 2001, pp. 56-59.

[22]　J. Assmann, "Kollektives und kulturelles Gedächtnis. Zur Phänomenologie und Funktion von Gegen-Erinnerung," in: U. Borsdorf, H. Th. Grütter（eds.）, *Orte der Erinnerung: Denkmal, Gedenkstätte, Museum*, Frankfurt am Main/New York: Campus, 1999, pp. 13-33; J. Assmann, "Erinnerung und Identität – der ägyptische Weg," in: U. Baumgärtner, W. Schreiber (eds.), *Geschichts-Erzählung und Geschichts-Kultur: zwei geschichtsdidaktische Leitbegriffe in der Diskussion*, München: H. Utz, 2001, pp. 154-157; J. Assmann, "Communicative and cultural memory," in: A. Erll, A. Nünning (eds.) *A companion to cultural memory studies. An international and interdisciplinary handbook*, Berlin/New York: De Gruyter, 2008, pp. 115-118.

成员之间进行沟通，那么这个交流记忆就会存在。一个人自出生到死亡一直属于特定的集体。[23]交流记忆属于日常生活的范畴，因而不断地变化。相比之下，文化记忆的特点是其恒久性，因此可以被称为长时记忆。一个集体的文化记忆建构在神话般的过去，而且与过去特定的结点相关联。集体成员们内心深处的形象可能会成为偶像，叙事也可能会变成神话，因此它具有很强的说服力和感染力。形象之所以成为偶像是因为它构成了一个集体的生存之本，叙事之所以变成神话是因为原有的历史经历与其具体的生成环境相脱节，经过几代人的传颂，最后成为一个超越时间的故事。它们会存留多久，或者是否会被取而代之，完全取决于它是否有用，就是说，它是否依然有助于维系相关集体原有的关系。个别成员的死亡并不影响它的存续。

　　阿斯曼认为，文化设施和文化机构立足于过去，并以此强化身份认同和使自己合法化。每一种文化都是通过参考过去来塑造自己。从这个意义上说，文化是一个记忆现象。按照阿斯曼的观点，从文化记忆的视角出发，我们可以对文化领域内的艺术、文学、社会、宗教和法律等获得一个全新的认识。[24]阿斯曼研究领

---

[23]　我们可以拿墓地作为例子加以解释。安卧在这里的人曾经与他们的亲朋好友和邻里乡亲朝夕相处，并且交流感情和信息，而如今，除了少数人在祭日纪念他们以外，他们逐渐淡出生者的记忆。如果没有这些坟墓和刻写着他们名字的墓碑，他们可能就已经从人们的记忆中消失。这里正是交流记忆与文化记忆交界的地方。为二战时期被纳粹屠杀的无辜者竖立纪念碑一方面是让活着的人以此作警醒，另一方面更是为了让那些冤魂留在后人的记忆中。

[24]　J. Assmann, *Das kulturelle Gedächtnis: Schrift, Erinnerung und politische Identität in frühen Hochkulturen*, München: Beck, 1992, p. 11. 哈布瓦赫的《记忆的社会框架》一书于 1985 年被翻译成德文，反映了德国学界 20 世纪 80 年代中期开始的对集体记忆问题的兴趣。哈布瓦赫并不是犹太人，因为儿子参加了抵抗运动，所以他遭到了纳粹的杀害。阿斯曼作为德国学者对集体记忆理论进行演绎不失为对哈布瓦赫一种非常有意义的纪念方式。

域的三个关键词是记忆、身份和文字。[25] 其研究范式主要是从文字入手，考察传统是如何借助文字得到沉淀的。他主张把文字和文本放置到各自的语境中分析和理解，而不是进行单纯的文本注解和评论，以便了解文化在其传承过程中是如何得到建构和系统化的，文字和文本又在其中发挥了什么作用。文字和文本并非文化的全部，但是二者无疑是表达和表现文化的最佳形式。

文化记忆是一个范围极广且很难界定的概念，与记忆直接相关的文献、文物，旨在进行或者促进记忆的形式和活动都可以被纳入到文化记忆的范畴，诸如神话、仪式、纪念物，整理、撰写、出版和普及文化传统的活动和过程。[26] 文化记忆与历史虽然不是两个完全相对的概念，但是二者之间存在明显的差别。历史具有两层含义，一是指过去发生的事，二是指对这些事件的描写。官方书写历史时选取那些对当下政治和社会具有重要意义的事件，不可避免地反映社会主流的见解，而且作者或委托人的意图也不可忽视。尽管如此，我们不能完全否认科学的历史写作在描写史实时所追求的中立性，从希罗多德开始就一直存在着出于"理论上的好奇"和纯粹的求知欲而对过去进行的思考和叙述。

---

[25] 阿斯曼把集体记忆定义为"集体分享的知识"（kollektiv geteiltes Wissen），即有关一个集体内成员们的身份、他们的同一性和特殊性的知识，参看：J. Assmann, "Erinnern um dazuzugehören. Kulturelles Gedächtnis, Zugehörigkeitsstruktur und normative Vergangenheit," in: K. Platt, M. Dabag(eds.), *Generation und Gedächtnis. Erinnerungen und kollektive Identitäten*, Opladen: Leske & Budrich, 1995, pp. 51-55.

[26] 德语文化学（Kulturwissenschaft）强调文化的人类学因素，即一个集体的特殊生活形式。按照人类学和符号学的理解，文化可以被视为三维的结构，其中包括社会（人、社会关系和社会机构）、物质（物体和媒介）和心理（受文化制约的思维方式，即心态）三个方面。

一些指责历史片面性的言辞明显有失偏颇。[27] 阿斯曼的文化记忆理论为我们正确理解历史及历史书写无疑提供了一个新的视角。文化记忆总是与特定的回忆群体的身份以及他们进行回忆时的具体处境和需求相关，而科学的历史写作则属于"冷"回忆范畴。[28] 对于文化记忆来说，重要的不是有据可查的历史，而只是被回忆的历史。换言之，在文化记忆中，基于事实的历史被转化为回忆中的历史，从而变成了神话。神话是具有奠基意义的历史，特定的人群之所以回忆它，是因为可以借此对当下进行阐释和指导。出埃及是以色列人的起源神话，这与它是否具有历史真实性没有关系。它构成了以色列人文化记忆中的核心，其原因是它具有规范性（normativ）和定型性（formativ）的潜能。

文化记忆受到主观经历、客观和科学的历史知识以及文化回忆三个因素的制约。可以从两个角度解释文化记忆之命题。一方面，我们可以从个体记忆入手，证明它受到社会的制约、政治的左右和文化的限定。另一方面，我们也可以从文化入手，证明文化当中很重要的功能和方面就是记忆。简单地说，记忆以文化为其前提，文化则具有记忆功能。文化记忆可以涵盖社会记忆（把记忆当作社会现象）、物质记忆（完成记忆所必需的媒介）和心理记忆（记忆的神经机制）。文化记忆强调一个群体借助文本、

---

[27] "无论是记忆还是历史，它们现在看上去都不是客观的。二者当中都包含着我们有意或无意进行的选择、解释和歪曲，而在记忆和历史的过程中，选择、解释和歪曲都受到社会的影响。"参看：P. Burke, "History as Social Memory," in: T. Butler (ed.), *History, Culture, and the Mind*, New York: Basil Blackwell, 1989, p. 98. 诺维克也持相同的观点，他认为历史学家因为自己的政治立场而无职业道德可言，如果有谁说借助科学的历史研究最后建成不可置疑的知识大厦，他要么是过于天真，要么是心怀鬼胎。参看：P. Novick, *That Noble Dream: The "Objectivity Question" and the American Historical Profession*, Cambridge: Cambridge University Press, 1988, pp. 14-19.

[28] J. Assmann, *Moses the Egyptian: The Memory of Egypt in Western Monotheism*, Cambridge/ Massachusetts: Harvard University Press, 1997, p. 14.

文献、符号系统、媒体、各种机构诸如图书馆、博物馆和档案馆的事实，以及一个集体为了建构属于所有成员和被每个人所珍视的过去而举行的各种活动。一个社会本身并没有字面意义上的记忆，但是它重构过去的过程类似于个体的记忆，如出于当下的需要，根据当下所拥有的知识，从当下的角度构造一个在一定程度上反映过去的版本。[29]从古代埃及一直到现代民族国家的形成，借助文化记忆对过去进行回忆和强化身份认同的事例不胜枚举，文化记忆成为保持一个集体并保证它存续的有效形式。

19世纪，西方的记忆不再强调朝代的连续和君主的英明，而是主张所有生活在境内的人——不管他们的职业和社会地位——属于国家这一集体。看得出这种认同源于法国大革命，即基于自由、平等和博爱的原则。国旗、国歌、国徽、国庆节等都是旨在确立和强化国民的认同感和归属感。[30]由政府颁布的各种纪念日，如解放日、独立日、阵亡将士纪念日、纪念性质的建筑、教科书中有关名人和英雄人物的故事以及以他们的名字命名的道路等，这些都是为了引起国人的回忆并激发他们的情感。

对于个体来说，他的记忆不仅受到他所处的社会环境的影响，而且由当时占主导地位的政治因素所左右。阿斯曼认为每个社会都拥有其特定的联动结构（konnektive Struktur），在这个结构里，回忆、身份认同和传统相互联系和作用。这个所谓的联动结构有社会的一面，也有其时间的一面。在社会层面，成员之间

---

[29]　J. Assmann, "Kulturelles Gedächtnis als normative Erinnerung. Das Prinzip 'Kanon' in der Erinnerungskultur Ägyptens und Israel," in: O. H. Oexle (ed.), *Memoria als Kultur*, Göttingen: Vandenhoeck & Ruprecht, 1995, pp. 95-100.

[30]　M. Flacke, *Mythen der Nationen. Ein europäisches Panorama*, München: Koehler & Amelang, 1998, pp. 29-30.

形成共同的经历、期盼和行为空间，个体在这个集体中享受信任并得到指导。在时间层面上，上述联动结构把过去与当下连接起来，在不断移动的当下视域中纳入以往值得记忆的人和事，以便活着的人不断获取归属感和希望。[31]

文化记忆总是以自我为核心，被记忆和回忆的东西经常带有身份认同的成分。确认归属关系的一种方式表现为接受，即承认"这是我们或这是我们的"；另一种则表现为拒绝，即强调"这不是我们或这不是我们的"，简言之，记忆在自我与他者之间作出明确的区分。[32] 历史事实并没有变化，但是一旦一个国家分化或消失，原先属于和支撑这个国家的文化记忆便宣告终结；随着一个国家的诞生，有关古老民族的神话也应运而生。奥地利人于1946年隆重纪念"Ostarröchi"这个词，认为该词与"奥地利"（österreich）一词之间有关联，并且相信该词诞生已有950年之久。令人惊讶的是，为何奥地利人时隔950年才对此予以重视？原因很简单，因为它能够替代"德意志"一词。从1938年至1945年，奥地利文化被强行纳入到德意志文化大概念之中。[33] 同样，对于原来同属于哈布斯堡王朝的奥地利、匈牙利等国来说，其国民对各自民族国家起源的记忆各有重点。奥地利人把1683年土耳其人结束对维也纳的围城作为奥地利历史上最为重要的事

[31] J. Assmann, *Das kulturelle Gedächtnis. Schrift, Erinnerung und politische Identität in früheren Hochkulturen*, München: Beck, 1992, p. 16.

[32] J. Assmann, "Das kulturelle Gedächtnis und das Unbewusste," in: M. Buchholz, G. Gödde（eds.），*Das Unbewusste in aktuellen Diskursen*, Giessen: Psychosozialverlag, 2005, pp. 368-372.

[33] M. Flacke, *Mythen der Nationen. Ein europäisches Panorama*, München: Koehler & Amelang, 1998, pp. 30-33; E. Hobsbawm, "Das Erfinden von Traditionen," in: Christoph Conrad, Martina Kessel (eds.), *Kultur & Geschichte. Neue Einblick in eine alte Beziehung*, Stuttgart: Reclam, 1998, pp. 97-98. 现代以色列人把耶路撒冷建城史追溯到大卫在此定都为止，而考古发掘证明该城在传说中大卫定都之前就已经存在了八百多年，只是这个历史事实对以色列人来说无关紧要。参见本期阿斯曼的文章。

件，而且虽然时过境迁，土耳其人一直是奥地利人的假想敌，从而促使他们因想象中的威胁而团结一致。相反，匈牙利人曾经遭受哈布斯堡王朝的奴役，所以1848年的革命具有不可替代的意义，正是这场革命点燃了他们抵抗哈布斯堡统治者并争取民族权利的火炬。许多传统是虚构起来的，但是对于相关集体后来的成员来说，这些虚构的往事与事实无异，比如苏格兰人能够追溯很久以前的人和事，并且以此为身份认同的基石，但是这些传统中的多数是19世纪虚构的产物。[34]

法国历史学家皮埃尔·诺拉主编了三卷本的法国历史名胜汇编，题为《记忆之所》。[35]首先，被收编的地方对法国民族都具有重要意义，而那些落选的，即使不会被遗忘，但至少无法进入看这套书的读者们的视线当中。其次，因为这套丛书是以现代法国民族和国家的形成为主线构思的，所以那些边缘群体如移民根本就不是被描写的对象，而且这样一条直线式的叙述模式掩盖了各个地方甚至在一个区域内文化、宗教和语言等方面的多样化。再次，诺拉把记忆分为三个阶段，前现代、现代和后现代，其记忆中的欧洲中心主义倾向一目了然。

相比之下，阿斯曼的文化记忆理论涉及的时间更长，其范围也更广，具有一定的普世意义。尤其是在《文化记忆》这本代表作中，阿斯曼探讨了集体身份的形成、对过去的构建和文字系统

[34] E. Hobsbawm, T. Ranger（eds.），*The Invention of Tradition*，Cambridge: Cambridge University Press, 1983.

[35] P. Nora, *Les lieux de mémoire*, Paris: Gallimard, 1984-1992. 参看：Nancy Wood, "Memory's remains: Les lieu de mémoire," in: *History and Memory* 6, 1994, pp. 123-125.

三者之间如何相互作用，[36] 并且用古代埃及、古代以色列和古代希腊三个案例进一步阐述和论证。阿斯曼指出，上述三者在西方文化诞生过程中所起的作用完全不一样，但是埃及宗教对早期犹太文化的影响却不容忽视。这种影响很难借助文献和考古发现来证明，但是从有关亚伯拉罕逃亡到埃及一直到摩西率领以色列人出埃及，埃及都不失为犹太民族建构自我身份必不可少的他者，[37] 或者说是犹太人进行文化记忆时的反衬。那个让以色列人沦为奴隶的邪恶的法老，以及可恶的多神教和偶像崇拜，还有阿肯那顿推行的旨在确立一神崇拜的宗教改革都是犹太一神教形成时期文化记忆的重要组成部分。换句话说，埃及与以色列之间的联系从本质上说是借助记忆建构的历史（Gedächtnisgeschichte, mnemohistory）。[38] 阿肯那顿推行一神教的宗教改革遭到失败，这在犹太人集体记忆中是无法抚平的疤痕，直到摩西以更加激进的形式完成了建立一神教的任务。至少从文化记忆的角度看，古代埃及不能不说是西方文化的一个重要源头。

---

[36] 在古代文明中，随着文字的诞生，人们不必完全依靠大脑的记忆，出现了可以把文化储存起来的外部空间。参看：J. Assmann, "Die ägyptische Schriftkultur," in: H. Günther, O. Ludwig（eds.）, *Schrift und Schriftlichkeit. Ein interdisziplinäres Handbuch internationaler Forschung*, Berlin/New York: De Gruyter, 1994, pp. 473-475.

[37] J. Assmann, "Israel und Ägypten – Grenzen auf der Landkarte der Erinnerung," in: M. Bauer, Th. Rahn（eds.）, *Die Grenze. Begriff und Inszenierung*, Berlin: Akademie Verlag, 1997, pp. 99-102.

[38] 法国大革命期间的民主概念与雅典民主之间，魏玛共和国时的悲剧与古希腊悲剧之间，拿破仑远征埃及与亚历山大东征之间有多少本质上的相同，关键在于，三个例子中的前者都试图从后者中找到理由或借口。

三、文化记忆的古代例证

文化最初与死亡紧密相关，因为死亡无疑是否认我们生活和生命意义的最可怕的挑战，艺术无非也是试图解决生命短暂之难题的一种尝试。[39] 我们说死者仍然活在后人的心中，指的就是因为同一个群体的成员通过记忆的方式不让他被时间的巨流冲走，而是带着他一起体验不断变化着的当下。记忆首先是社会产物，一方面，一个人的记忆始终与他所参与的社会活动相关；另一方面，个体的记忆毕竟会随着死亡而终结，长久的记忆只能借助代代相传的集体力量。社会的安定和群体结构的稳固是记忆必不可少的保障。古代埃及人用如下的文字描写动荡之后重新确立的社会秩序："一个儿子接替了父亲的职位，他让父亲的名字保留在人间，直到永远。"[40]

记忆与特定的时间和地点密切相连，比如节日表反映了人们为了庆祝或者纪念而共同度过的时间，而房子、村庄、坡地、山峰、河流、城镇及其附属物共同构成了支撑和激发人们记忆的空间，这些物质世界打上了深深的社会烙印，它们具有特定的社会象征意义。如果一群人想成为一个固定的群体并保持这种集体关系，那么他们就不仅需要一个相互交往的空间，而且要用各种象征符号布置这个空间，以便他们的身份凸显出来，他们此后的记

---

[39] J. Assmann, "Totengedenken als kulturelles Gedächtnis," in: R. Beck (ed.), *Der Tod. Ein Lesebuch von den letzten Dingen*, München: Beck, 1995, pp. 15-19.

[40] J. Assmann, "Sepulkrale Selbstthematisierung im alten Ägypten," in: A. Hahn, V. Kapp (eds.), *Selbstthematisierung und Selbstzeugnis: Bekenntnis und Geständnis*, Frankfurt am Main: Suhrkamp, 1987, p. 210.

忆也便有了立足之地。[41]应当说，记忆空间不能像一个舞台。如果记忆空间像舞台一样随着演出结束而被拆除，记忆便成为了无源之水。

公元前 1000 年，环地中海区域中的几个文明都出现了借助回忆过去来重新确定身份的文化现象，这个遥远的过去与当下之间横亘着一块被遗忘的空地或者黑暗时代。[42]在古希腊，距离当时已有五百年之久的迈锡尼文明得到整理和编纂，其璀璨的成果便是荷马史诗。以贵族为社会核心的古希腊各城邦都把青铜时期末年视为英雄年代，这个经过回忆建构起来的过去不仅是各个城邦安身立命之本，而且成为超出城邦范围确定泛希腊身份的根源。

对于频繁遭受外族奴役，最后被迫流亡巴比伦的犹太精英们来说，他们的集体记忆当中没有《荷马史诗》所描述的那种英雄事迹，但是他们把出埃及与耶和华赐予福地等传说视为民族起源的最重要内容。摩西得以与耶和华签订盟约关系，因而他在犹太人心目中远远超过了《荷马史诗》中的勇士们。这个盟约基于超地域的原则，签订盟约的一方是一个超世的和独一无二的神，他在地球上既没有属于自己的神庙，也没有祭拜中心；作为签订盟约的另一方，以色列人当时正置身于荒凉的无人境地。既然盟约具有超地域性，它就不受地域的限制。换言之，不管命运把以色列人带向何处，他们借助这个盟约就能够在世界上任何地方生存。摩西其人是否真正存在过，出埃及事件是否是史实，学界仍

[41] J. Assmann, *Das kulturelle Gedächtnis: Schrift, Erinnerung und politische Identität in frühen Hochkulturen*, München: Beck, 1992, p. 71.

[42] J. Assmann, "Literatur zwischen Kult und Politik: zur Geschichte des Textes vor dem Zeitalter der Literatur," in: J. Assmann, E. Blumenthal (eds.), *Literatur und Politik im pharaonischen und ptolemäischen Ägypten*, Cairo: Institut français d'archéologie orientale, 1999, pp. 13-15.

有争议。从文化记忆角度来说，重要的是犹太人建构起来的这个过去对犹太民族的身份认同和宗教归属感发挥作用，而且这个作用如何强调都不为过。以色列人凭借神所赐予的法律赶往福地的路途始终呈现为摆脱奴役和迫害的过程，而摩西在耶和华的帮助下把以色列人从绝境中拯救出来的事迹无疑构成了犹太民族在困境中保持信心的动因。对于以色列这个被迫离散并遭受各种迫害和压迫的民族来说，还有什么故事能够比出埃及这一事件更恰到好处和更加意义深远地促使他们保持集体记忆呢。

出埃及这一壮举如同一条红线一样贯穿在《希伯来圣经》这部记录犹太人文化记忆的集大成之作中。我们从中可以读到如下抚今追昔的段落："你们的儿女问你们说：'行这礼是什么意思？'你们就说，'这是献给耶和华逾越节的祭。当以色列人在埃及的时候，他击杀埃及人，越过以色列人的房屋，救了我们各家。'"（《出埃及记》12：26–27）"当那日，你要告诉你的儿子说：'这是因耶和华在我出埃及的时候为我所行的事。'这要在你手上作记号，在你额头上作纪念，使耶和华的律法常在你口中，因为耶和华曾用大能的手将你从埃及领出来。所以你每年要按着日期守这日。"（《出埃及记》13：8–9）"日后，你的儿子问你说：'耶和华我们神吩咐你们的这些法度、律例、典章，是什么意思呢？'你就告诉你的儿子说：'我们在埃及作过法老的奴仆，耶和华用大能的手将我们从埃及领出来，在我们眼前，将重大可怕的神迹奇事，施行在埃及地和法老并他全家的身上，将我们从那里领出来，要领我们进入他向我们列祖起誓应许之地，把这地赐给我们。'"（《申命记》6：20–23）"你在田间收割庄稼，若忘下一捆，不可回去再取，要留给寄居的与孤儿寡妇。这样，耶和华你神必在你手里所办的一切事上赐福予你。你打橄榄树，枝上剩下的不可再打，要留给寄居的与孤儿寡妇。你摘葡萄园的葡萄，所剩下的不可再摘，要留给寄居的与孤儿寡妇。你要纪念你在埃及地作过奴仆，所以我吩咐你这样行。"（《申命记》24：19-22）正是因为犹太人拥有了《旧约》这个包含他们所有记忆同时又支撑他们进行文化记忆的圣典，他们才得以在巴比伦陌生的文化环境里没有被吞噬或融合。他们在持续50多年的岁月里保持了自己的身份，并且于公元前537年回到耶路撒冷并在记忆的支撑下顽强地生存下来。

在美索不达米亚，大约于公元前2300年建立统一的阿卡德王国的萨尔贡成为后世回忆和纪念的代表性人物。后人经常以他的名字起名就是很好的例证，其中最著名的是新亚述王朝的萨尔贡二世。根据相关学者的研究，美索不达米亚的记忆和回忆表现出三个明显的特征。首先，在这些先民眼里，所有发生的事情即我们现在所说的"历史"都是诸神意愿的直接表现形式，只有仔细地记录、研究和保存这些事件，才能知道他们在当下的位置并找到出路，不愧为宗教版的"历史是生活之师"（historia magistra vitae）；其次，美索不达米亚的居民强烈希望存留在社会记忆中，因为他们怀疑来世的存在，所以希望借助后人的记忆永驻生前所属的集体；再次，他们相信文字的力量能够把一个人的名字保存到遥远的未来。[43]事实上，在以往许多君主中，只有那些为了实现政治大一统作过贡献的国王才被列入名册中，正如萨尔贡及其伟绩后来成为一个带有神圣色彩的传说，说明他们的记忆也是建构

[43]　J. Assmann, *Das kulturelle Gedächtnis: Schrift, Erinnerung und politische Identität in frühen Hochkulturen*, München: Beck, 1992, pp. 169-190.

的过程，而且遵从严格的筛选原则。

埃及之所以在文化记忆研究中成为一个典型例子，原因在于它具有两个特征。其一是它的历史源远流长，其二是古代埃及文化的二元性显得特别瞩目，即保持传统和保证永生的显性文化，表现为巨大的陵墓、神庙等石头建筑，[44] 以及隐性的日常文化，它需要当今的学者通过考古和文本解读加以重构。这两个方面无疑体现了文化的两个参数。[45] 古代埃及人用耐久的材料即石头建造与永生相关的建筑，如王陵、官吏墓和神庙，[46] 尤其需要指出的是，与来世有关的文字无一例外地以工整的圣书体刻写在石头上，许多国王的石棺以及陵墓的特定结构特意选用坚硬无比的花岗岩。相反，埃及人今生居住的房子用土坯建造，而且世俗的文献用草体写在纸草上面。古代埃及人精心选择不同的建筑和书写材料，[47] 这种二元性的根源可能在于埃及特殊的地理环境中，

---

[44] 关于这些宏伟的建筑在确定集体身份和强化归属感方面的作用，我们可以拿《创世记》（11:4）中有关人类祖先建造巴别塔的故事作为例证："来吧，我们要建造一座城和一座塔，塔顶通天，为要传扬我们的名，免得我们分散在全地上。"耶和华并没有通过摧毁巴别塔的方式阻碍人类的这种追求，而是让这些人隔夜之间无法用语言交流。从文化记忆的角度来说，金字塔之类的建筑绝不应单纯地被视为统治者奴役民众的见证。

[45] 马尔库塞可能正是在这个意义上反对在厨房里听着收音机里的巴赫作品做饭，反对在超市里播放古典音乐，因为这些行为减弱甚至剥夺了古典音乐净化我们的灵魂、抵制物质腐蚀的力量。在他看来古典音乐这些属于文化记忆的东西是"来自其他星球的空气"。只有通过文化记忆，人类才有可能获得单调的生活中变得越来越稀薄的清新空气。请参看：H. Marcuse, *Der eindimensionale Mensch*, Darmstadt: Wissenschaftliche Buchgesellschaft, 1967, pp. 84-117; J. Assmann, *Stein und Zeit: Mensch und Gesellschaft im alten Ägypten*, München: Fink, 1991, pp. 16-17.

[46] 为了保证这一点，古代埃及的官吏们生前就开始为自己建造坟墓，甚至把自传刻写在墓碑或者墓壁上，以便自己死后，后人可以到他的墓室祭奠，缅怀他生前的善行和义举。古代埃及人曾经拥有可以追溯到几千年前的传统，他们理应发展出很深的历史意识，但是在埃及文献中很难找到早期伟大法老们的故事，或者是记载了国家缔造者的伟大功绩的叙事长诗等。他们的兴趣显然不在这方面。

[47] 在基督教主导下的欧洲中世纪，线形和环形两种时间观念并存。一方面，教会主掌神圣的线形时间，许诺每个虔诚的教徒最终得到拯救；另一方面，日常生活则不外乎日复一日的油盐酱醋。

一边是不会使任何东西腐烂的炎热干燥的沙漠和山岭，埋在那里的千年古尸犹如新近死去的人的躯体，屹立在那里的建筑亘古不变；[48] 另一方面，尼罗河每年定期泛滥，不仅象征着时间的限度和层次，而且预示了生命循环的可能性，用黑格尔的话说，它促使"各种生命体苏醒和蠕动"。[49] 按照阿斯曼把集体记忆划分为文化记忆和交流记忆的理论，文化记忆表现在节日，其创造者是知识社会学意义上的精英人群、负责文化记忆的专职人员，而交流记忆表现在日常生活，其承载者是社会的一般成员。

在阐述古代埃及文明时，以前的相关论著很少注意到埃及社会的文化记忆机制对其历史的作用及其后果，尤其是断代时划分的三个所谓的中间期过于武断。阿斯曼从文化记忆的角度指出古代埃及社会所经历的三次重大转变，第一次是在中王国初期（约公元前 1994 年），第二次是阿肯那顿宗教改革（约公元前 1352—前 1335 年），第三次是在通常所说的王朝后期（公元前 700 年以后）。中王国初期的君主们从表面上看似乎把古王国视为黄金时代，无论在王权观念还是在官吏系统方面，他们都试图复古，但是在扩大权力和巩固王权的过程中，他们却采用了此前国家陷入群雄争霸时期即所谓的第一中间期地方权贵们的做法，把自己描写为民众的保护者和供养人，而不是高高在上的神灵。一方面，中王国时期兴起的国王颂歌和教谕文试图传播和灌输这样的信念：强有力的国王统治下的中央集权制国家是社会秩序的唯一

---

[48]　阿拉伯人把吉萨高地上的狮身人面像称为"恐怖之王"（Father of Terror），指最为令人恐怖的时间在它面前都无可奈何。

[49]　"Ein unermessliches Gerege und Gekrieche," in: G. F. Hegel, *Vorlesungen über die Philosophie der Geschichte*, Leipzig: Meiner, 1820-1823, p. 2:56.

保障；[50]只有在这样一个长治久安的国家里，一个人（主要指社会上层群体）才有可能建造坟墓并置办相关的墓葬设施，因为与文字和建筑相关的书吏、技工等在古代埃及都被国家即国王所垄断，任何个人只有通过为王权效劳才有可能获得这些专业人员，以便他们为自己建造永恒的神圣空间。古代埃及国家控制了个人和集体借以塑造和展示自己的媒介，实际上有权决定一个个体死后能否在后人的记忆中永存。[51]另一方面，中王国时期得到彰显的公正原理（古代埃及人称之为玛阿特）也构成了文化记忆的组成部分。按照这个理念，一个人只有在生前孝敬父母、爱护兄弟姐妹，并且与邻里乡亲和睦相处才能指望死后得到纪念并顺利通过由众神举行的来世审判。显然，一个人想求得来生，他首先要通过行善积德给家庭成员和邻里乡亲留下美好的印象，然后借助勤奋和才干得到国王的重用和恩赐，最后因清白和虔诚而顺利进入由众神主掌的来世。埃及社会中君臣之间、神人之间的关系在中王国时期发生了深刻的变化，只有把政治格局的变迁和各种文字材料结合起来进行综合考察，我们才能比较全面地认识中王国初期在文化记忆层面出现的影响深远的种种现象。[52]

阿斯曼令人信服地证明了喜克索斯人的入侵并没有在古代埃及历史上造成严重的断裂，除了新王国初期少数王室铭文以外，古代埃及文献并没有把喜克索斯人的存在描写成一场灾难，因此

---

[50] 这个时期歌颂王权的诗文把国家的统一比作秩序战胜了混乱，文化战胜了野蛮，公正战胜了邪恶，并且与荷鲁斯战胜恶神赛特的神话联系起来。中王国的统治者试图借助神话的召唤力来稳定政局、强化臣民在统一国家中的归属感。

[51] 生前失宠的官吏得不到来世生活所需的墓葬，即使他们已经为自己建造了坟墓，他们刻写在墓碑和墓壁上的名字也一定会被凿掉，坟墓也被赐予其他官吏。

[52] J. Assmann, *Theologie und Weisheit im alten Ägypten*, München: Wilhelm Fink Verlag, 2004, pp. 86-87.

把这次所谓外族入侵及他们在埃及建立朝代划分为第二中间期并不合适。相反，阿肯那顿宗教改革及其影响无疑给古代埃及社会各个方面带来了深刻的变化。阿肯那顿死后不久，他修建的新都城被废弃，庙宇和宫殿随即变成便捷的采石场，余下的残垣断壁最终也被流沙掩埋。全国各地的许多建筑和纪念物上的阿肯那顿的名字被凿掉，当然也不再出现在此后编纂的王表中，他在位的时间被计算到后任的名下。这个试图推行异端宗教的人显然无法进入正统的史书中，从而被后人强行遗忘了。[53]19 世纪末，在阿玛纳的考古发掘揭开了古代埃及历史中有关阿肯那顿的被遗忘的篇章，阿肯那顿及其王后的雕像，他为阿顿神建造的神庙，他为自己和家室建造的王宫等逐渐出现在现代人的眼前。学者们不仅对阿肯那顿发动的宗教改革和大规模迁都活动有所了解，而且把阿肯那顿的名字重新加入到古代埃及王表中。[54]图坦卡蒙这个对于现代人来说极具传奇色彩的人物在古代埃及后期历史中不为人所知，如果不是现代考古，他无异于未曾存在过的人物。我们在这里看到的是古代埃及一个非常独特的文化记忆案例，即当时不符合正统观念的人和事不被纳入到文化记忆之中。可见，文化记忆既是一个储存往事的有效机制，也是迫使非正统和非主流的人和事被淹没在时间长河中的可怕的系统。

---

[53] 同样的命运也落在哈瑟普特（Hatshepsut）女王头上。虽然她掌权时期埃及政局稳定、国势强盛，但作为一个女子，她不符合埃及君主应为男性的王权观念。

[54] 这个曾经被埃及人遗忘的法老被现代学者们称为"人类历史上第一个个体""The first individual in human history"，第一个基督徒，第一个犹太人；有人说他是同性恋者，也有人说他是双性恋者，也有人称他是历史上第一个独裁者，更有人称他是第一个有证可查的患有俄狄浦斯情结的人，参看：J. H. Breasted, *A History of Egypt from the Earliest Times to the Persian Conquest*, New York: Scribner, 1912, p. 356; D. Montserrat, *Akhenaten: History, Fantacy and Ancient Egypt*, London: Routledge, 2000, pp. 20-21.

在古代埃及王朝后期，神的意愿（Theologie des Willens）在人们的宗教信仰中占据绝对的支配地位。随着宗教在政治和社会生活领域扮演越来越重要的角色，埃及原有的中央集权的政治模式一去不复返，与此同时，埃及周边先后出现了亚述、波斯、马其顿和罗马等"世界性国家"，无疑加速了埃及统一国家分化的进程。在随后频频遭受外族入侵和奴役的过程中，埃及人并未能创造出《希伯来圣经》那样的文字性正典，而是试图把神庙当作最后的避难所。王朝后期的神庙虽然仍旧严格依据古老的神庙格局建造，但是它们给人一种处在一个盒子里的感觉，因为其最根本功能是强化神庙内部与外部之间的差别。在埃德夫神庙里，放置神像的神龛由五道围墙保护，墙与墙之间留有相当于缓冲带的空间。从平面图上看，从入口到至圣所要穿过七道门。每道门实际上象征着横亘在俗世与神界之间的隔离带。这种设计的用意不言而喻，那就是要竭尽全力保证神庙内部这块神圣之地免遭来自外部尤其是外族的侵害。这种建筑结构表达了一种强烈的危机感，即被玷污的担心。面对外族频繁入侵，埃及神庙处在内部与外部、神圣与世俗之间的张力之中。如同犹太人严格按照《希伯来圣经》中的各种法规生活，埃及祭司把他们所应遵循的准则刻写在神庙墙壁上。关键在于，埃及祭司们使用的象形文字越来越具有密码的色彩，只有那些圈子内经验丰富的人才能解读其中的意思。[55] 他们这样做是为了确定和强化自己在埃及社会中独特的身份，以便于从外族统治者手中获得有别于其他社会阶层的优

---

[55] 从这个意义上说，把商博良释读象形文字称为"破译"再贴切不过了。

惠。[56]犹太人借助《希伯来圣经》这个文化记忆的结晶不仅保持了身份，而且与他们所信仰的宗教共生息，因为他们不仅有手中的圣典，而且有铭记在脑海的耶和华圣殿和铭刻在心中的律法。无论他们走到哪里，不管在谁的统治下，他们的文化记忆都不会中断。相比之下，埃及人的神庙纵然装饰精美和仪式繁杂，作为文化记忆的承载物业已蜕变为一个空壳。[57]基督教的传入意味着空前的威胁，罗马统治者关闭神庙和禁止埃及人使用象形文字等于完全剥夺了祭司们继续文化记忆的权利和条件。[58]

四、文化记忆理论的现实意义

阿斯曼在探讨文化记忆理论时谈古论今，其真正的着眼点在于这个理论的现实意义。正是因为这样的现实关怀，阿莱达·阿斯曼和扬·阿斯曼在阐述文化记忆理论的时候特别强调每个人及其所属的集体的良知在记忆和回忆过程中应当起到的监督作用。[59]

[56] 古代埃及文化起初具有很强的融合性，即接受外族和外来的文化。但是在忍受外族统治的王朝后期，如同犹太人一样，埃及人也培育出了抵御外来因素的文化体系，主要表现为撤退到神庙里面，然后试图屏蔽一切外来的东西。

[57] 按照阿斯曼的解读，古代埃及神庙在某种程度上类似于犹太人的圣典。它的墙壁上写满和画满了有关神的文字和图画，所以它不是一本书，而是装满许多书的图书馆。不仅如此，神庙里定期和定时举行仪式，即遵循宗教法规的各种活动。参看：J. Assmann, *Das kulturelle Gedächtnis: Schrift, Erinnerung und politische Identität in frühen Hochkulturen*, München: Beck, 1992, pp. 177-179.

[58] 关于文化记忆中内在因素即记忆的主体和外在因素即记忆承载物之间的关系，请参看第四节有关德国民众对过去的态度和德国大屠杀纪念馆的论述。

[59] 为了进一步说明良知的重要性，阿莱达·阿斯曼引用了尼采著名的论断："我的记忆说我确实做了这件事。我的自尊心却说我不可能做过这样的事，而且显示出不会退让的样子。最终，还是记忆让了步。"(Das habe ich gethan sagt mein Gedächtniss. Das kann ich nicht gethan haben - sagt mein Stolz und bleibt unerbittlich. Endlich - giebt das Gedächtnis nach.) 参看：A. Assmann, *Erinnerungsräume. Formen und Wandlungen des kulturellen Gedächtnisses*, München: Beck, 2006, p. 265.

也正是从这个角度，他们二人在众多的论著和访谈当中强调了文化记忆理论对当今德国乃至欧洲解决二战遗留问题并应对新世纪的挑战所具有的指导意义。可以从三个方面阐述这个问题。

　　首先，对于二战和大屠杀这段如同噩梦般的过去，德国和欧洲其他国家的记忆各有不同，而且都存在着不同程度的错讹。在记忆和回忆这个令人发指的历史篇章时，除德国以外的欧洲其他国家着重自己国民所遭受的苦难，强调自己的抵抗战士如何与纳粹斗争，而战争的起因和屠杀犹太人的罪行则全部落在德国头上。从国家层面上说，那些曾经对希特勒采取绥靖政策的国家不能完全脱离干系，所以有必要进行反思；在民众层面上说，如果没有许多国家的百姓为了自身的利益而告发犹太人并对这些身处绝境的人群冷眼旁观的话，纳粹能否在整个欧洲以如此彻底的手段抓捕犹太人并如此大规模地把他们运到集中营。此外，战后不久，无论是德国人还是欧洲和美国的犹太人，他们都不得不接受所在国官方有关犹太人在战争中遭遇的惨绝人寰悲剧的说法。[60]根据这种官方说法，二战让几乎所有人都成为受害者，因此可以说纳粹犯下的是反人类罪。这种解释对于犹太人来说无疑是莫大的伤害和侮辱，同时在一定程度上减轻了德国人对犹太人犯下的滔天罪行。直到 20 世纪 60 年代，一些人才开始使用大屠杀（Holocuast）这个专门的词来特指纳粹屠杀犹太人的罪恶行径，强调了这场战争对犹太人特殊的悲剧意义。西方国家当时采取这种方式主要是为了对付以苏联为首的共产主义，同时也是为了把

---

[60]　J. Assmann, "Globalization, universalism, and the erosion of cultural memory," in: A. Assmann, S. Conrad （eds.）, *Memory in a global age: Discourses, Practices and Trajectories*, Houndsmills, UK/ New York: Palgrave Macmillan, 2010, pp. 121-123.

犹太人融入他们所在国家的文化中。

在战后很长一段时间里，德国政府和民众以沉默的方式拒绝承认无辜的人特别是犹太人在二战中所遭受的劫难和痛苦。在许多家庭里，有关二战和大屠杀的话题要么是禁忌，要么已经被粉饰，似乎参与法西斯暴行的只是个别人，而大多数人与纳粹保持距离，甚至冒生命危险进行抵制和抵抗。绝大多数家庭中的父亲或祖父显现为纳粹及其帮凶的受害者，那么究竟是谁犯下了所有这些罪行？[61] 一言以蔽之，罪魁祸首成为一个抽象的、神秘的和不可言状的群体。这些经历过二战的德国人的讲述常常有悖于历史事实，而且经常自相矛盾。尽管如此，老一辈继续讲述着被美化的过去，而年轻一代把这种神话当作历史。[62] 截至 20 世纪 80年代，甚至在奥地利的许多地方，一战时奥匈帝国阵亡战士与二战时在奥地利死亡的德国士兵一起得到祭奠。在这种令人不安和深思的情况下，今天的欧洲人能否仅仅借助外部的媒介——档案和纪录片、纪念碑和纪念馆——正确对待和处理二战中的罪过这一历史遗留问题，答案显然是否定的。这些外在的信息承载体只不过是记忆存续的物质条件，但是如果相关的人不愿或者不能由衷地重温和更新其中的信息，它们与失去了灵魂的骷髅又有什么区别。它们极有可能沦为像古代埃及王朝后期神庙一样的建筑物，原本是记忆的承载物却被后人视为鬼魂出没和巫术盛行的地方。大屠杀和奥斯维辛的话题正面临着被束之高阁的危险，而这

---

[61] N. Berg, *Der Holocuast und die westdeutschen Historiker. Erforschung und Erinnerung*, Göttingen: Wallstein, 2003, pp. 88-92.

[62] H. Welzer, S. Möller, K. Tschugnall, "*Opa war kein Nazi.*" *Nationalsozialismus und Holocaust im Familiengedächtnis*, Frankfurt am Main: Fischer, 2002, pp. 43-45.

可能就是它被遗忘的开始。[63]

其次，二战结束半个多世纪后的今天，经历过这场浩劫的人民和大屠杀的幸存者所剩无几，有关二战的记忆方式将发生变化。自传性质的回忆将绝迹，我们只能依靠诸如战争遗物、遗迹和纪念碑等物。由此传播和输入的知识（Wissen）绝对称不上是不言而喻的事实（Gewissheit），因为它有别于一个亲历者所回忆的过去。[64]如何阐释并逐步消化这个已经过去半个多世纪的人间悲剧成为当务之急。维森塔尔（Simon Wiesenthal）和维泽尔（Elie Wiesel）均为犹太人，而且都是纳粹大屠杀的幸存者，二者都竭尽毕生之力揭露和控诉纳粹恶行、纪念无辜的死难者。维森塔尔认为，谈及大屠杀的时候，我们不应当使用六百万这一数字，而应当用一千一百万来代替，因为二战时期死难者除了六百万犹太人以外还有五百万非犹太人。不少学者赞同这个观点，因为在以"去地域化"为特征、日益全球化的今天，强调记忆的国际化才算与时俱进。[65]所有国家的人，不管种族和信仰，我们都应当共同回忆和记忆纳粹灭绝人性的野蛮行径，进而发展出超越民族和国家的记忆文化，以便把它作为全球性人权政策的基石。社会学家亚历山大（Jeffrey Alexander）建议把回忆大屠杀从集体记忆的层面上升到人类普遍的道德记忆的高度。[66]在他看来，大屠杀和奥

---

[63] 阿斯曼以为记忆不同于知识，前者是温暖的，它饱含着行为者的感情，而知识则是冰冷的，而且有可能被封存在库房里，上面落满了灰尘。

[64] H. Welzer, S. Möller, K. Tschugnall, *"Opa war kein Nazi." Nationalsozialismus und Holocaust im Familiengedächtnis*, Frankfurt am Main: Fischer, 2002, p. 210.

[65] A. Assmann, *Der lange Schatten der Vergangenheit: Erinnerungskultur und Geschichtspolitik*, München: Beck, 2006, pp. 56-59.

[66] A. Assmann, S. Conrad（eds.），*Memory in a global age: discourses, practices and trajectories*, Houndsmills, UK/New York: Palgrave Macmillan, 2010, pp. 98-105.

斯维辛已经成为全球性的文化记忆话题，因为所有类似的事件都可以用大屠杀来进行比较、分析和批判，至少对于欧洲来说，大屠杀远远超出了它的历史范畴，具有了如同捣毁圣像运动一样的象征意义，可以用来比喻所有有悖于人权和文明的行径。当然值得提出疑问的是，这种记忆方式是否主要是为了各个国家或群体的切身利益，它在多大程度上促使不同国家和不同种族的人在文明、人权、身份等问题上相互靠拢直至达成一致。[67]

维泽尔则坚决反对上述提议，因为在他看来，这在一定程度上掩盖了纳粹主要针对犹太人的种族灭绝政策，这无异于减轻了纳粹德国对犹太人犯下的罪行。他认为，在文化记忆过程中不宜搬弄普世的道德准则。每个人都是行为者，而不是观察者，而且每个人都有个人的利益、不同的政治态度和道德上的偏好，因此，任何人都没有特权对是非问题作出绝对的、凌驾于别人的判断。他怀疑有关大屠杀的记忆能够成为统一的欧洲的奠基石之一，因为这意味着把某个特定的历史见解强加到所有欧洲国家头上。欧洲各个国家在第二次世界大战中社会和历史背景不同，所以对战争的态度不一，受战争的影响和损害也不尽相同。[68]按照维泽尔的理解，德国应当对二战的爆发以及它给人类带来的灾难尤其是犹太人遭受的灭顶之灾负主要责任，而且记住并回忆大屠杀对于德国民众来说是最起码的道德义务。用大屠杀来代替整个第二次世界大战无疑掩盖甚至否认了历史的复杂性。

---

[67]　D. Levy, N. Sznaider, *Erinnerung im globalen Zeitalter: Der Holocaust*, Frankfurt am Main: Suhrkamp, 2001, pp. 18-19; D. Diner, *Gegenläufige Gedächtnis. Über Geltung und Wirkung des Holocaust*, Göttingen: Vandenhoeck & Ruprecht, 2007, pp. 98-100.

[68]　A. Assmann, *Auf dem Weg zu einer europäischen Gedächtniskultur?*, Wien: Picus Verlag, 2012, pp. 67-70.

再次，互联网在全球普及，通过商业化模式传播音像材料越来越多。结果，原来正式和官方的纪念日和纪念仪式逐步变为个体的和平常的事情，而且由于技术的发展，许多记忆和回忆借助机器和技术手段完成，所投入的脑力相对减少，某种意义上意味着记忆的贬值。[69]作为个人和集体如何应对自己所属的民族或国家以往所遭受的痛苦或者犯下的罪过，沉默是否等同于遗忘，如何正确处理记忆与遗忘之间的关系？[70]根据以往的经历，许多和解都是通过相关各方尽量忘却往事来促成。奥斯维辛应当说构成一个少有的例外。它能否成为人类通过记忆和回忆的方式解决历史遗留问题的范例，从而开创记忆文化的新篇章。[71]

有些学者认为，网络的能量无限，而且网络不会遗忘任何信息。需要注意的是，正因为很多信息可以很简单地借助技术手段存储起来，我们人类活生生的记忆能力便逐渐减弱。因为被储存的东西过多，只有最新的才能够引起注意，从某种角度来说，这种储存几乎无异于遗忘。另外，媒体在进行报道和宣传时所起到的作用也不容忽视，它可以通过视觉、听觉，通过强调、重复等手段，特别是通过创造三维的模拟世界让某些事件得到记忆，而没有被媒体聚焦的东西则被公众忽视和遗忘。[72]暂且不说媒体的政治和价值取向，因为信息量超出媒体所能反映的程度，它所进行

---

[69] D. Hein, "Mediale Darstellungen des Holocaust. Zum World Wide Web und zu seiner Dispostion als Gedächtnismedium," in: *Jahrbuch für Kommunikationsgeschichte* 7, 2005, pp. 176-180.

[70] J. Assmann, "Globalization, universalism, and the erosion of cultural memory," in: A. Assmann, S. Conrad（eds.）, *Memory in a Global Age: Discourses, Practices and Trajectories*, Houndsmills, UK/New York: Palgrave Macmillan, 2010, pp. 12-13.

[71] J. Assmann, "Schubkraft für die Zukunft," in: *Die Zukunft der Erinnerung. Zeischrift für Kulturaustausch* 49, 1999, pp. 22-25.

[72] 阿斯曼说，被记忆的东西犹如被探照灯照亮，而那些被遗忘的东西则陷入一片漆黑之中。参看本期该作者的文章。

的取舍本身就已经意味着有所偏向。我们在这里可以区分有意的遗忘和无意的遗忘。

　　不可否认，对于个体和集体来说，遗忘无疑都是记忆的前提。不忘掉一些过时的、对当下没有意义的事情，新的、有意义的东西就无法进入记忆空间，更不要说占据中心位置。尼采曾经谈到遗忘的建设性作用。[73]勒南也认为，遗忘一些人遭受的苦难和某些人犯下的罪行在法兰西民族形成过程中起到了不容忽视的作用。[74]只有忘掉一些东西，一个社会才有可能达成一定程度的统一，这一点在古希腊的城邦制民主和现代民主都一样。[75]英国社会学家康纳顿反对把遗忘不加区别地定罪为忘本和道德上的过错。[76]也正是从这个角度，卢曼认为社会记忆的主要作用在于遗忘，以免社会系统因为无法及时和顺利地进行信息处理而出现堵塞。在他看来，没有遗忘就不可能学到新的东西，也就谈不上进步。[77]当然过分强调遗忘且对遗忘不加区别，这不利于集体身份的确立，也不利于文化的传承。[78]

　　阿斯曼认为，从一个民族或国家的文化记忆中可以看出其本性及其走向。德国很早就完成了启蒙和现代化，而且曾经因哲学等学界人才辈出而备受世人尊重。为何在这样一个国家能够发生集中营这样完全背离人道的事件，个体在此过程中起到了什么作

---

[73]　F. Nietzsche, *Vom Nutzen und Nachteil der Historie für das Leben*, Frankfurt am Main: Suhrkamp, 1996, pp. 34-38.

[74]　E. Renan, *Was ist eine Nation? Und andere politische Schriften*, Wien, Bozen: Folio, 1995, pp. 25-29.

[75]　P. Ricoeur, *Gedächtnis, Geschichte, Vergessen*, München: Fink, 2004, p. 695.

[76]　P. Connerton, *How modernity forgets*, Cambridge: Cambridge University Press, 2009, pp. 67-70.

[77]　N. Luhmann, *Soziale Systeme: Grundriss einer allgemeinen Theorie*, Frankfurt am Main: Suhrkamp, 1984, p. 579.

[78]　J. Assmann, *Das kulturelle Gedächtnis: Schrift, Erinnerung und politische Identität in frühen Hochkulturen*, München: Beck, 1992, pp. 183-185.

用，应当承担什么责任，为什么平时看起来本分和诚实的市民变成了杀人不眨眼的刽子手？难道完全是迫于外部压力吗？阿斯曼认为，记忆所面临的危机与我们身份所面临的危机相关联。[79]

在阿斯曼看来，通过文化记忆这个手段，人既要确认身份，更要确定将来会如何，走什么样的路，如何走。所谓传统，并不是固有和静止不变的，每一代人都会根据所处的条件和需要补充并改善这个传统。传统不应当成为累赘甚至桎梏，而应当有助于传承它的人顺利地应对面前的困难。个体只有知道曾经的身份，了解其文化根基所在，才有可能确定现在的身份，并预知将来的走向。"未来需要来源（Zukunft braucht Herkunft）。"[80] 每个群体的文化记忆如同装满各种经历的水库，这个群体的成员需要过滤、选择、加工其中的原料，以便诸多以往的事成为有助于他们继续向前的有用的过去，即传统，不然的话，他们就会沦为自己历史的俘虏。所有的传统只有通过进行必要的修正才能够传承下去。[81] 从这个角度说，传统并不是偶然形成的，相关的成员有义务珍视它，爱护它，并且传给下一代。每个社会都拥有其独特的关联网，所有成员在空间和时间上相互联系和影响。共同的经历、共同的期盼构建了共同的行为空间。共享的知识以及相似和相同的自我形象塑造了共同的身份。这个共同的身份一方面依托所有成员都接受和尊重的规则和价值，另一方面通过回忆共同的经历

[79] J. Assmann, "Schuld und Unschuld des Vergessens," in: *Internationales Archiv für Sozialgeschichte der deutschen Literatur* 23, 1998, pp. 202-203.

[80] Ch. Meier, *Das Gebot zu vergessen und die Unabweisbarkeit des Erinnerns. Vom öffentlichen Umgang mit schlimmer Vergangenheit*, München: Siedler, 2010, p. 34.

[81] J. Assmann, *Das kulturelle Gedächtnis: Schrift, Erinnerung und politische Identität in frühen Hochkulturen*, München: Beck, 1992, pp. 54-56.

而得到加强。学术界的研究，大众的讨论，以及当权者制定相关的法律和规则，这些是文化记忆健康存在的前提。

阿斯曼用《旧约》中诺亚方舟这个故事来阐释在信息爆炸的年代如何有效地进行选择。[82]诺亚通过精挑细选才避免了人种和物种的灭绝。阿斯曼因此认为，应当区别对待记忆的潜能与记忆的实效。所谓潜能指的就是有关过去的信息存储在档案馆、图书馆、博物馆等承载物，而实效指过去为当下服务的效力，即从当下的社会需要出发赋予封存的记忆以新的意义。也就是说，对过去的实际表述综合了交流记忆和文化记忆两个方面。[83]19世纪伊始，工业化改变了人类社会的结构，随之而来的是人类生活日趋物质化，生活节奏加快，传统和习俗迅速失去原来的意义，人们需要不断地重建过去。以精英为代表的社会群体开始通过语言和物质形式存留记忆，随着民族国家的形成，为了保证这个集体的长久，传统被建构和虚构，促成了大型的档案馆、博物馆、纪念馆之类的场馆。无法否认和必须强调的是，随着20世纪末期冷战的结束，加上信息传播技术的突破，接受知识和获取信息方式的多样化，此前建构过去的形式和确立身份的许多机制已经失灵和失效。一方面是经济的全球化和信息的快速传递和共享，另一方面是为了保持原有的身份和权利，为了在竞争中取得优势，为了争夺有限的资源而显现出来的狭隘的民族主义和地方主义，而且许多年轻人除了享受疯狂的、模拟的和虚幻的网络世界以外，对共同的传统、政治机构和现实生活不感兴趣。我们需要研究文

---

[82] J. Assmann, "Akademie, Langzeitprojekte und kulturelles Gedächtnis," in: V. Sellin (ed.), *Das Europa der Akademien*, Heidelberg: Orientverlag, pp. 126-130.

[83] J. Assmann, "Collective memory and cultural identity," in: *New German Critique* 65, 1995, p. 130.

化记忆问题，因为这个系统如今正处在危机之中。记住并适时地回忆过去，其根本目的不在于找寻和描写过去事件的真实面目，而是通过这种回忆调整和确定当下的定位。威廉·华兹华斯说："每个人都是自己的记忆。"[84] 根据文化记忆理论，遗忘过去、否认过去或者对此缄默不语都不利于正确地把握住当下，更何况文化记忆不是对过去的单纯反映，而是对未来的憧憬。

Abstract

This article begins with a brief introduction to the theory of cultural memory by Jan Assmann. It first reviews the historical outline of the study of cultural memory in the West. The author tries to describe how the theory of cultural memory is based on various theories in the field of sociology and cultural studies, especially Maurice Halbwchs's theory of collective memory, and points out its advantage over the previous ones. As an Egyptologist, Assmann first developed his theory of cultural memory while studying the civilization of the Pharaohs, and by way of this theory, he provided new perspectives and frameworks for several unsettled questions concerning ancient Egyptian history. The last part of the article gives a brief account of the actuality of the theory of cultural memory.

---

[84] A. Assmann, *Erinnerungsräume. Formen und Wandlungen des kulturellen Gedächtnisses*, München: Beck, 2006, p. 89.

余波与"先声":历史与人类

——"康德与赫尔德关于历史意义的争论,或者,更确切地说,他们关于人类命运及其与自然和文化的关系的争论,是 18 世纪后期最重大的思想事件之一。"[1]

内容摘要:

世界历史(不可与全球史混同)现今受到了人们的极大欢迎。我们不再对民族国家、社会阶级或某一文化运动的历史怀有兴趣。或者至少是比从前更少兴趣了。

---

[1] "Der Streit zwischen Kant und Herder über die Bedeutung der Geschichte, oder genauer, über die Bestimmung des Menschen und das Verhältnis zwischen Kultur und Natur, gehört zu den wichtigsten philosophischen Ereignissen des späten 18. Jahrhunderts." See J. Zammito, Die Ursprünge des deutschen Idealismus, in M. Heinz (Hg.), *Herder und die Philosophie des deutschen Idealismus*, Amsterdam, 1997; 111.

现在吸引我们的题目，是我们现下所知的人类是如何产生于"它与习惯决裂"（broke with the cake of custom）（像汤因比说的那样）之时，同样还有在那一时刻之前所发生之事。人是如何从自然的领域中解放，它又是如何成功地创造了一个领域（我们如今理所当然地将这个领域与自然的领域相对立）？或者，总而言之，我们对人和人类能够说些什么，如果从自然的视角，即，从一个假定人只不过是栖居于这个世界的又一物种的角度来看的话。

这样，我们就不得不有此一问：如果人是来自于自然，他"最终"是否会再次回归于其中，以及如何设想这一向自然的回归？在此我们或许会想到黑格尔对绝对精神的思考，它意味着精神（Mind）与自然（Nature）的最终调和（reconciliation，"Versöhnung"）。无论如何，关于人类与自然的这一调和，黑格尔的思考并非绝无仅有。因此在我这篇文章的结尾，我转向了科幻文学，从而试图给予黑格尔的直觉以某些实质。

一、导论

乔治·斯坦纳（George Steiner）曾将我们的时代描述如下："我们从后而来，这是我们的状况的神经。在由我们时代政治上的兽性所造成的人类价值与希望的前所未有的损毁之后。"不消说，斯坦纳在此指的是大屠杀这一前所未有的道德灾难，他想以其语言表达的是，对这一道德灾难的记忆将在可以想见的未来与我们如影随形，如果不是永远如此的话。在此，可想见的未来本质上是一个"后来之物"(after)：所以，事实上，我们是活在"大屠杀的余波之上或之中"。

但是，现在让我们来假设一下，一场像大屠杀这样的灾难正等待着我们，而且，以这样或那样的方式，我们对它的到来有着确切的预见—— 一种如此确切的预见，以至于我们对这一未来的大屠杀不加怀疑，就像毫不怀疑来年春夏再度更替之际气候将会变暖一样。这不仅仅是某种怪异的"思维游戏"(Gedankenspiel)，因为我们对来年气候变迁的预期类似于气候学家在远为宏大的规模上对全球变暖的后果所作的预测。按他们的说法，这将会导致一场规模空前的生态灾难。从这种预测的视角看来，我们并非生活在早先的灾难（比如大屠杀）的余波（*aftermath*）之中，而是生活在一场即将来临的灾难的"先声"(*foremath*)之中，如果你们允许我将这个新词引入英语的话。

有时人们会补充说，迫在眉睫的生态危机甚至是我们的未来将会具有的样貌之典范。换言之，在未来，当下的性质（the nature of the present）将会由对未来的预见所决定，而非由对过去的记忆所决定。也就是说，当下的重心将由过去转移至未来；今日将会是未来的第一天，而非过去的最后一天。[2]若是这样的话，那么，历史当真是关于灾难与不幸的故事，而非关于幸福的

---

[2]　因而，多曼斯卡（Domanska）说："（……）历史学家们同样应当从未来的，而非当下的视点（vantage point）出发，来进行对过去的探究。我们对所研究的问题和研究方法之选择，我们建构有关过去的轨迹的知识之方式，都应当受这一向着未来的视角指引，并且应当提出这样的问题：在一个跨国界的（transnational）、流散的（diasporic）或者说后人类的（posthuman）世界中，人类将会需要何种对过去的知识？"参看：E. Domanska, *Biohistory and the contemporary human and social sciences. Paper for the VIII International Conversation on History: History and Globalization*, Pamplona: University of Navarra, October 7-9, p. 4.

故事，（历史的）当下将不会是过去的灾难的余波，而是未来的灾难的先声。这样便产生了一个问题：如果恐怖的、具有潜在创伤性的事件是未来之事，而非过去之事，那又将如何？我们已不厌其烦地探讨过社会或文明如何对它们恐怖的过去作出反应的问题，但它们如何预见它们恐怖的未来呢？这是一个新的问题，这个问题也正是我想在本文中提出的。

二、世界历史

历史写作与历史意识是探测人类历史上的大地震之回响的最敏感精微的地震仪。想想法国革命这场灾变的回响是如何贯穿了整个 19 世纪的历史写作，以及大屠杀是如何在很大程度上决定了当代的历史思维。但我们能同样设想相反的情形吗？某一未来的灾难能够将其阴影投射在当下吗？我们能够预见或预感到未来的某场法国革命或大屠杀，而其凶兆之威胁已然渲染了对当下的经验吗？正如对过去的创伤性经验可能会使得过去的力量比当下更为强大那样？

乍看起来，这将与时间之矢不符：创伤性经验如何能够先在于创伤性经验的对象呢？然而，如果尼采是正确的，这样骤然反转时间之矢的想法便不像乍看上去那样荒谬了。在他的《权力意志》（*Will to Power*）中，尼采探讨了因果性的概念。通过强调因果性之拟人论（anthropomorphism），他否认因果性具有其渴望的科学性。因果性是一个拟人论的概念，因为它是由将我们自身的"权力意志"投射到世界之上而产生的。我们自身的权力意志以某些渴望或意图刺激着我们，这些渴望或意图作为我们继而该如何行动的原因发挥作用。这便是我们投射到自然之上的拟人论模式。尼采所举的例子是闪电的闪光。在实际的物质实在中，这只是一个现象。但因果性的拟人论诱使我们将其分解为一个原因和一个结果，并且说原因——闪电——引起了某个结果——闪光。就好像闪电具有制造闪光的意图那样。[3] 然而，正如尼采接下来所言，如果拟人论构造了我们对因果性的看法，我们或许可以同样地反转原因与结果的顺序。假设我们的权力意志要求我们去探寻某个已确定的结果是怎么发生的，在这种情况下，结果先在于原因——因为若不存在结果我们便不会去追究它的原因。

　　而且，人们确实能想到一个证明了尼采主张的例子。我指的是以下二者的结合这样一个有趣的事实：一方面是被如此多人预言了的迫在眉睫的生态危机，另一方面是最近出现的一种历史写作，即所谓的世界历史（world-history）。世界历史在 20 世纪 60 年代被提上历史学家的议程——威廉·麦克尼尔（William McNeill）是其中最有影响的拥护者之一 ——因此，是在生态危机的观念尚不存在之时。尽管如此，当论及生态危机时，不少世界历史是在与现今的科学家们相同的背景（matrix）中进行分析的。世界历史选择关注的因素（variables）恰好就是被认为对生态危机的出现至关重要的那些，也正是这些因素在过去的十至二十年间令我们忧心忡忡。因此，看起来，或许世界历史的研究者们已经具有了对这一危机的预见。

　　诚然，世界历史并非仅关注生态问题。首先，研究世界历史

---

[3]　F. Nietzsche, Wille zur Macht, in id., *Friedrich Nietzsche. Werke. Herausgegeben von Karl Schlechta. III*, Carl Hanser Verlag, München, 1969, p. 502.

的史学家们会说，历史如今已将我们带至这样一个阶段，即，所有曾经使一个民族、文化或文明从其他民族、文化或文明中孤立出来的因素都已经被克服了。因此那种始终联合着我们却不被我们所感知的因素的历史现在必须在历史学家的议程中占据最重要的地位。历史学家现在应当为我们揭示出这样一种历史：我们一直无知无觉地共有着这种历史，但传统历史编纂学向来对它视而不见。这不仅将成为一种全新的历史写作，也不仅仅是说，它将为我们讲述一个我们闻所未闻的故事，最重要的是，这是我们现如今所迫切需要的那种历史，因为我们都在一个无所不包的全球体系中被联合了起来。可以说，我们必须回溯，在过去中解读我们统一的全球主义的当下，直至人类的出现。[4] 这么做将会通过揭示我们共有的过去，来将我们联合起来，而非将我们分割，像是政治史和文化史一直倾向于在做的那样。这不正是我们在自己所共有的全球性未来中需要的东西吗？[5]

其次，在文化人类学与研究世界历史的史学家对人类最初起源的思索之间，有着切近的关系。二者都扎根于所谓的"推断的

---

[4] 当然，如果人们赞成像雅克·萨皮尔（Jacques Sapir）那样的认为全球化是一个新自由主义的幻象的作者，这一理念便会损失掉许多说服力，如果不是损失它全部的说服力的话。参看：J. Sapir, *La démondialisation*, Paris, 2011.

[5] 世界历史必须与全球史区分开来。因为全球史并不具有这样的自负：它满足于观察到，在过去的半个世纪中产生了一个无所不包的全球体系，并且满足于研究它现下的机能（functioning）。全球史不过是当代史中一个新鲜而有雄心的种类，德国人称其为"Zeitgeschichte"。尽管全球史家们有时或许会愿意关注一下这个全球体系是如何在 20 世纪后半叶出现的，但他们不会对一个各种文化和文明都还对彼此的存在漠不关心（或者根本一无所知）的过去产生兴趣。

世界历史同样与我们历史学家人手一部，放置在我们的图书馆里一个甚少涉足的角落的那种卷帙浩繁的世界史（worldhistories）不同。当然，这些世界史家们确实告知了我们自人类出现之后发生在我们地球上的所有事情——就像在世界历史中也会做的那样——但他们从不试图在人类的全部历史中辨认出某种统一一体或主要的因果性机制。正像人们常说的，这些世界史不过是装订工所做的大杂烩。

历史"（conjectural history）及其对人类最初阶段的思考，集中在人类社会是如何由所有人类生活中最普遍、最基本的物质条件所塑造的。"推断的历史"在自然法哲学中有其可敬的先验根源，在 19 世纪的文化人类学中有其经验的祖先，主要是从现存的原始社会（从苏族人 [Sioux] 到阿赞德人 [Azandes]）中找到它的经验材料。[6] 世界历史可以说是经验地延续并发展了推断的历史，鉴于它试图去解释决定了人类的社会与文明的起源的那些因素是如何继续决定着人类的命运，直至今日。确实，就世界历史成功地证明了这些因素之持久的因果重要性来说，它给了我们关于全体人类的故事。这当然会有助于支持它的主张，即身处于一个正在全球化的世界中，它是我们最需要的那种历史写作。因为这些普遍因素在我们现今普遍主义的全球性现实中具有适合于它们的对应物；似乎这些因素只是在现今才能发挥出它们的因果之力，不再受那些直到相当晚近以来都总是在妨碍着它们的地方性特质所阻碍和拘束。最终，在最不可捉摸、最反常的异变之后，人类历史已重新回到它最强有力的因果性决定因素的轨道上，并且现在已准备好跟随它们的指引。正像一个交响乐团在混乱、不和谐的开场之后突然奏出庄严的贝多芬交响曲，在这个开场之中乐团的每个成员也仍旧演奏着一份与其他所有人都不相同的乐谱。最终，历史成为了它自身。

---

[6]　人们在此或许会想到：G. F. Creuzer, *Symbolik und Mythologie der alten Völker, besonders der Griechen*, s.l. 1810-1843; J. J. Bachofen, *Das Mutterrecht*, Stuttgart, 1861; L. Morgan, *Ancient Society*, Cambridge（Ma），1961（*1877），E.B. Tylor, *Primitive Culture*, London, 1871; J. G. Frazer, *The Golden Bough*, New York, 1870. 对 19 世纪以来人类学发展的概括，参看：A. de Waal Malefijt, *Images of Man: A History of Anthropological Thought*, New York, 1974 与妙趣横生的 U. Wesel, *Der Mythos vom Matriarchat*, Frankfurt am Main, 1980. 在这个语境下，我们也会想到弗洛伊德的 *Totem und Tabu, Moses und Monotheismus* 与他的 *Das Unbehagen an der Kultur*。

再次，世界历史可以说是承载着所谓的思辨的历史哲学的可敬传统（想想圣奥古斯丁、博絮埃、黑格尔、孔德、马克思、斯宾格勒、汤因比等），这一传统试图在历史中发现某种隐藏的模式与一种历史中介（historical agent），后者的出现决定了这一模式的本质。然而，当代的世界历史研究者们相当清楚传统上是由像波普尔（Popper）、哈耶克（Hayek）、曼德尔鲍姆（Mandelbaum）、丹图（Danto）等这样的诸多人对思辨的历史哲学所作的批评，而它从未从这种批评中恢复元气。的确，思辨的历史哲学已死——而当代的世界历史研究者们将会在第一批给它以致命打击的人之列。事实上，世界历史诞生于对思辨的历史哲学的拒斥。当威廉·麦克尼尔提出世界历史之时，阿诺德·汤因比的《历史研究》（*Study of History*）被他拿来当作衬托（*repoussoir*）。[7] 因此，当代的世界历史成功地将思辨的历史哲学的视界与"一般的"（ordinary）历史写作的扎实经验结合在了一起。

最后，世界历史的成就可以总结为以下四点：

第一，我们在此遇到了尼采曾考虑过的因果性的反转。世界

---

[7] A. Toynbee, *A Study of History*, Oxford, 1935 - 1954; W. McNeill, *The Rise of the West: A History of the Human Community*, Chicago, 1965. 思辨哲学受到批评有两个原因：据称它们的整体论是极权主义诱惑的一个源头，又及，每一思辨体系都是基于至少一个无法在经验中证实，因而是形而上学的假设。像是所有历史都是上帝对人类所行之事的历史、理性在历史中前进，或者阶级斗争这样的形而上学信念。现在，对于汤因比来说，所有历史都是各文明的历史；他也相应地剪裁了历史事实。因此，他倾向于低估文明之间的相互作用，甚至声称，西班牙人与阿兹特克文明的衰亡基本无关。因为这个文明的生命循环已经终结。为避免如此显而易见的荒谬，麦克尼尔捍卫所谓的"文化传播论"（diffusionism）并尤其关注文化之间的相互作用。他声称，文化起源于彼此陌生的人群之间的相互作用——他对文化传播论之强调甚至到了有将其变为又一种历史形而上学的危险的地步——正像麦克尼尔后来所愿意承认的那样。参看：W. McNeill, *Keeping Together in Time. Dance and Drill in Human History*, Cambridge（Ma），1995.

历史将实存的全球性历史这样一个现实投射到我们的全部过去。如今我们从全球历史中生死攸关的那种因果性出发，来分析我们的全部过去，在这种意义上说，历史进程的结果——当代的全球性社会——是发现世界历史的原因。因此，世界历史在过去之中所发现的因果性机制，实际上，正是过去数十年间全球性社会的出现之结果。不消说，这就是一条极端化了的老生常谈，即我们往往（若非总是的话）回溯地解读历史，也就是说，从当下的视角出发来看待它。[8]

第二，世界历史总是意图纠正大多数西方历史写作之中的欧洲中心论。毫无疑问，它在这方面取得了极大成功。在世界历史中，人们很少会碰到西方历史中那些传统的重点，像是罗马帝国的灭亡、宗教战争、法国革命及其余波，或者 20 世纪的两次世界大战。西方的扩张是唯一的例外。世界历史的史学家们提供了一种对人类历史的描述，这个地球上的每个居民，无论他或她出生在哪里，都能够将他或她自身认同于这一描述。

第三，对于何为人类历史中主要行动者的看法发生了戏剧性的变化。在过去的一千到三千年间，大多数历史书写处理的都是人类的行为与行动（*faits et gestes*）。在传统历史中——无论它是西方的还是非西方的——人类创造历史，即便我们为亚当·弗格森（Adam Ferguson）最具洞察力的评论——"民族偶然地找到了秩序（establishment），它是人类行动的结果，却非在实行任何人类的设计"[9]——留下了足够余地，也就是说，为有意识的人

---

[8] 诺维克的著作《那个高贵的梦想》(P. Novick, *That noble dream: The 'objectivity question' and the American historical profession*, Cambridge, 1988) 出色地探讨了这一题目。

[9] A. Ferguson, *An Essay on the History of Civil Society*, Cambridge, 1995（*1967），p. 119.

类行动的意料之外的后果留下了足够余地。但如今我们有了像贾雷德·戴蒙德（Jared Diamond）极其成功的《枪炮、病菌与钢铁》（*Guns, Germs, and Steel*）这样的著作，它所呈现的人类历史不过是对那些与人的气候环境和生物环境相关的偶然事实所作出的反应。[10] 或者想想卡瓦利－斯福尔扎（Cavalli-Sforza）关于人类如何在距今 700 000—150 000 年间扩张至遍布全球的著作。[11] 我们不知道是什么令我们印象更为深刻：是这样一种历史居然能够被写出这样一个事实呢，还是"一般的"历史学家在他们对过去的研究中向来所看重的一切在此却全然无足轻重？同样令人惊奇的还有关于人类基因组之历史的著作，或是像理查德·道金斯的畅销书《自私的基因》（*The Selfish Gene,* 1989）这样的著作，它们带有这样一种令人深感不安的意味，即，人类历史中真正的行动者不是我们，而是我们的基因。我们不过是它们为保护其自身完美性所需要的材料。或者，用一个更惊人的例子来说，想想爱情，这一所有人类情感当中最崇高、最具诗性者，它曾被荷马、莎士比亚、歌德和其他数不胜数的人们歌颂；然后再看一看，冈瑟·杜克斯（Günther Dux）是如何从男女之间一系列简单而琐细的生理差异的角度来解释这种情感的起源的。[12] 因此，归根结底，传统的历史学家们一直以来所谈论的究竟是为何物？我们会想起布罗代尔的指责，说他们不过是在研究"历史的浮沫"。[13] 总而言

---

[10] J. Diamond, *Guns, Germs, and Steel. A short history of everybody for the last 13,000 years*, London, 1997. 在此，戴蒙德认为，若是巴布亚人也有幸能够拥有家畜、宠物与谷物这些因素的综合的话（在美索不达米亚恰巧能够获得），新几内亚或许同样会产生文明。

[11] L. L. Cavalli-Sforza, *Genes, People and Languages*, New York, 2000.

[12] G. Dux, *Geschlecht und Gesellschaft. Warum wir lieben*, Frankfurt am Main, 1994.

[13] 比较不那么颠覆性的或许是 Ernest Gellner 的 *Plough, Sword and Book* (London, 1988)，在其中他把犁、剑和书这三者假设为是历史中起主要作用的因素。

之，世界历史是一种极端去人化（de-humanized）的历史，一种排除了人类行动者的对过去的描述。[14]

第四，世界历史为我们讲述了这样一个关于过去的故事，在其中人类历史不过是自然的历史，或者说普遍意义上的生命（life in general）的历史的一个附属物。我们不过是生命进化过程中的最后阶段，而这一进化过程开始于人类产生之前，并在人类从舞台上消失之后也还将继续；除非人类如此成功地摧毁了这个星球上使生命得以存在的条件，以至于生命将随我们一同消失。我们不过是生命从 20 亿年前的第一个有机体到某个全然不可想象的未来的漫长路途中所经历的一个阶段。那么，历史学家，或者不如说世界历史的史学家，便几乎用不到传统上教授给历史学家们的那种技能。2001 年，在美国历史联合会（American Historical Association）第 115 届年会上，社会生物学的创始人埃德蒙·威尔森（Edmund Wilson）宣称，想要理解人性中的驱动力，未来的历史学家们将会需要知晓生态学、群体遗传学，甚至分子生物学。[15] 9 年后，埃娃·多曼斯卡说得甚至更加直白：

> 的确，正如 20 世纪 80 年代的人文学科不可能脱离符号学与文本、叙事、话语或符号这样的关键概念而存在，今日的人文学科不可能脱离其与科学或有着"生物"（bio）前缀

---

[14]　弗尔兹（Folz）甚至走得比这更远："世界历史，如果处理得恰如其分的话——也就是说，将相互作用这个主题扩大至将所有角色，而不仅仅是人类的角色包括进来——将不仅仅是一门好的学问，它可能会对拯救地球起到至关重要的作用。"引自 Domanska, *op. cit.*, p. 4. 人们或许会全盘同意弗尔兹的论点；但不包括他将自然视作行动者的拟人化提议：自然不是一个行动者。当然，除非弗尔兹能够对这样一种生机论的或者说是万物有灵论的自然观作出有说服力的辩护。

[15]　引自：Domanska, *op. cit.*, p. 6.

的，如生物权力、生物历史、生物社会、生物遗产、生物公民、生物殖民、生物事实、生物价值这样的概念之间日渐加深的关系而存在。[16]

总而言之，历史是生物—历史；人类从根本上说是一个生物学现象，其历史亦应当被依此写就。

三、人与自然

在此我已将世界历史呈现为是表达了一种关于当代人与自然之间的冲突，以及自然将如何为人类对自然不负责任的所作所为而向人类复仇的预见。因此，人与自然的关系在 18 世纪就已被讨论过了，这或许会使人略感惊讶。鉴于至今还几乎没有人探讨过世界历史的更为哲学化的意涵，18 世纪关于历史与自然的争论便骤然变得重要起来了。所以，回溯这些发生在两个半世纪之前的关于人与自然的讨论的主要模式，或许会帮助我们更好地理解世界历史及其与生态学问题相关联的方式。

在 18 世纪的争论中，我们能够辨识出两种立场。首先是那不勒斯的博学者吉安巴蒂斯塔·维柯（Giambattista Vico, 1668—1744）。在《新科学》（*La scienza nuova*）中，他提出，科学的研究对象与人文学科的研究对象之间存在着严格的区分。在他著名的格言 "verum et factum convertuntur"（可粗略地译为："真存

---

[16] Domanska, *op cit.*, p. 1.

在于被制造之物中")之中，表述了这一主张。他的高见是，我们对历史的理解能够比对自然的理解更好且更深刻，因为是我们自己创造了历史，而自然则是由上帝所创造的。当然，考虑到科学所获得的巨大成就（这些成就在维柯自己的时代就已经很显著了），人们可能会怀疑，这一"更好且更深刻"的估计是过分夸大了事实。因此德国和英语学界中的历史主义者和解释学理论家将维柯大胆的断言折中为一个更为谦逊的论点，即科学与历史都有其各自的研究对象和研究方法。不消说，这与我们对历史的一贯看法相符：历史研究的是人类所言之事，无论是由个人还是群体所言说。自然是另一全然相异的层面上的实在，在此毫无用武之地。

但是，就在维柯对自然的和历史的领域作出区分半个世纪之后，约翰·哥特弗里德·赫尔德（Johann Gottfried Herder, 1743—1804）在他的重要著作《人类历史哲学观念》（*Ideen zur Philosophie der Geschichte der Menschheit*, 1784—1791）中将它们再度统一。无论是对历史写作本身还是对历史思想的历史而言，它都是最为重要的著作之一。[17] 事实上，可以将这部书称为第一部关于世界历史的著作。因为正如世界历史的研究者们那样，赫尔德强调我们对我们的环境的依赖性，以及我们对环境的干涉可能会如何危害到我们自身。[18] 他意识到，为制造氧气以及保持我

---

[17] 关于在较晚近时对双方—— 一方是人和历史，一方是自然——之间关系进行的讨论的一些评论，可参看：D. Chakrabarty, "The climate of history: four theses," in: *Critical Inquiry* 35（winter 2009）, pp. 201-207.

[18] "人们几乎不可能消灭世界某处的一种植物或动物，而不很快便意识到这对整体的生存环境所造成的最恶劣影响"（我的翻译）。参看：J. G. Herder, *Ideen zur Geschichte der Philosophie der Menschheit. Band* 1, Riga und Leipzig, 1785, p. 89.

们呼吸的空气中各成分的平衡，植物的光合作用是不可或缺的。[19]
"气候"（Klima）是他最喜爱的术语，表示了对普遍意义上的生命、特别是对于我们自己来说至关重要的那些环境因素的平衡：我们是"空气的学生"（Zäglinge der Luft）[20]。生命形式随其发展、存续自身的自然条件之不同而变化多端。甚至可以说，气候是普遍意义上的生命出现的条件。与之相应的，赫尔德的《人类历史哲学观念》一书大胆地将人类从事物的中心移去；人类行动者也正如在世界历史中那样，从他的作品中缺失了。不仅在他的叙述中西方的历史成为了附属物[21]，也不仅是在他的故事里全然见不到皇帝、教皇、国王等人物——甚至耶稣基督——的名字，更有甚者，人类这个整体被从它一向在人类对过去的反思中占据的特权地位上粗暴地抹去了。

最重要的是，在努力颠覆理解过去的所有传统范畴时，赫尔德将他的论证放在了尽可能宽泛的背景中。即普遍意义上的生命和人类历史能够从中产生的宇宙级因素这样一个背景。他的书以解释——使用康德和拉普拉斯的理论——我们的星系如何从一团原始的星云中诞生为开端。在万有引力的作用下，这团由尘埃构成的星云最终形成了太阳及其行星。这或多或少仍是当下人们所接受的理论。然后他讲述了生命如何从单细胞生物和苔藓开始，逐渐发展出植物、动物，最终是人类。他坚持认为，正是这一谱

---

[19] 在对植物发表讲话时，赫尔德说："你们是地球的健康之子，我们所呼出的、摧毁我们的恶瘤，正是你们着手去处理之物"（我的翻译）。Herder, op. cit., p. 87.

[20] Herder, op. cit., p. 37.

[21] 参看：J. G. Herder, *Ideen zur Geschichte der Philosophie der Menschheit. Band 4*, Riga und Leipzig, 1792. 西方的历史在此被呈现为不过是一种"事后的追记"（afterthought），在对历史的理解中不具有任何特殊的重要性。

系应当使人类在虑及自身时采取最大的谦卑态度。如他所言，我们必须鼓起勇气，承认动物是"我们的兄长"。[22] 我们与它们所共有的特征，即具有食道 [23]，在所有动物形式的生命中都是绝对的基础，这应使得我们绝不要将自身视为属于与其他动物迥异的另一个阶层。自达尔文以来，我们已花了一个半世纪来习惯这一最为振聋发聩的洞见。如今，将像猿（赫尔德以最为尊重的笔触来描写它们 [24]）这样的动物视为我们的"兄长"自然已不过是陈词滥调；但在 18 世纪 80 年代这种说法的革命性并不亚于那场开始于该年代末尾的大革命。

因此，赫尔德如何能够在 18 世纪末写出一本著作，而其中传达的信息却将他置于 21 世纪初历史写作的前列？是什么使得他将人类历史呈现为不过是自然的历史中的一个插曲（*entr' acte*）——正像在当代的世界历史中那样？答案就在赫尔德的斯宾诺莎主义之中：斯宾诺莎关于单一实体（世间所有物体都不过是它的变体）的学说使他抹消了人与自然之间，或者人的历史与自然的历史之间的所有范畴差异。万事万物都被包含在单一实体无所不包的秩序当中，我们也应该如此去理解它们。因此，我们根本不应打算像维柯那样赋予人某种特殊的地位——直至今

---

[22] Herder, *Ideen zur Geschichte der Philosophie der Menschheit. Band 1*, p. 90.

[23] Herder, *Ideen zur Geschichte der Philosophie der Menschheit. Band 1*, p. 112.

[24] Herder, *Ideen zur Geschichte der Philosophie der Menschheit. Band 1*, p. 191.

日历史书写的实践都还是这么做的。[25]

提及赫尔德的斯宾诺莎主义将我们引向了 18 世纪 80 年代晚期德国所谓的泛神论之争（*Pantheismusstreit*），这是整个历史上最重要的思想论争之一，几乎所有的德国哲学家、理论家和文人都参与其中，从现已被彻底遗忘的小角色到赫尔德自己、康德、费希特、谢林、黑格尔、歌德、席勒、施莱格尔、诺瓦利斯、荷尔德林，等等。这场争论最重要的贡献是如其将在 19 世纪成形的那样塑造了所谓的"德国精神"（the German mind）。由于泛神论之争对直至今日仍限定着历史与自然之间关系的那个背景（matrix）来说至关重要，在此便有必要对其略加解释。

这场争论始自弗里德里希·亨利希·雅可比（Friedrich Heinrich Jacobi）透露[26]，莱辛——当时是德国启蒙运动毫无争议的领袖——在临终前曾向他忏悔说，自己一直是一个斯宾诺莎主义者，信仰斯宾诺莎所说的"此物与万物"（ενκαι παν）[27]。也就是说，他秉持世间万物，无论自然的还是人类的，均为上帝或自然（*Deus sive Natura*）这一单一实体（the One Substance）的变

---

[25]　同时，赫尔德逐渐被看作是稍后的德国历史主义最重要的前驱，而对于历史主义来说，历史与自然的对立正如在维柯那里一样，是不言自明的。或许这一悖论能够通过区分两种对"自然"的看法来解决。在赫尔德那里，"自然"这个词就是我们如今通常所理解的那个意思，尽管对于他来说，正像对于大多数与他同时代的人那样，这个词仍然有着"φυσις"（源自动词"φυειν"，意为"生长" [to grow]）这样典型的亚里士多德主义意味。因此对于他来说，自然首先是有机的自然。稍后的历史主义者们会首先将"自然"与政治权力的运作（最主要的是像马基雅维利和国家理性 [*raison d'état*] 的理论家所阐述的那样）以及从社会科学的角度对历史的见解联系起来。如果这样理解，在历史主义的全部传统中，斯宾诺莎主义确实仍然十分鲜活，尽管是作为一项需要努力去解决的道德困境，而非像赫尔德那样，作为无可争议的哲学真理。

[26]　F.H. Jacobi, *Briefe über die Lehre Spinozas*, Berlin, 1786.

[27]　"这一词句之中凝结了斯宾诺莎主义全部的魔力：它代表着综合、全体、整体这些理性与情感都热切追求的东西；它是主体与客体、象征与被象征物、是与应当、欲望与满足、人与自然之间的桥梁"（我的翻译）。参看：Zammito, *op. cit.*, p. 114.

体这样一种理念。由于斯宾诺莎在当时仍被认为是一个禁忌之名（*nomen nefandum*），被指控为斯宾诺莎主义在当时能够彻底毁掉任何人在知识界的前途，"忏悔"这个词在此可谓是恰如其分。尽管雅可比或许不过是想要哗众取宠，他的轻率之举却影响到了当时德国知识界的所有争论，特别是由康德革命性的批判哲学所引起的那些。

康德的第一《批判》的主要影响是与理性主义的逻各斯哲学（*logos*-philosophy）彻底决裂。在那种哲学之中，思想或者说知识的层面与存在的层面仍然是被理性或逻各斯稳定地结合在一起的。[28]康德的超验的哲学将思想的层面撤回到超验自我那纯粹的认识论与认知论的范围之内，并由此割裂了它与存在的层面的所有联系。因此，从康德的批判哲学的角度来看，没有哪种哲学体系的错误会比斯宾诺莎的更严重了，它将（认识的）主体与（被认识的）客体在单一实体的领域内统一起来，在其中二者都被看作不过是变体。所以斯宾诺莎存在之处，就没有康德存在的空间，反之亦然。尽管康德似乎从未费心去研究过斯宾诺莎，他对他自己的哲学体系与斯宾诺莎的体系之间不可调和的敌对关系是非常清楚的。

更令他忧虑的是斯宾诺莎主义在泛神论之争中受到广泛欢迎，尤其是他自己的哲学反而使之愈发流行这一事实。因为他彻底割裂了知识与存在，割裂了我们对世界所能言说之物与本体的

---

[28]　这便是人们或许会与伽达默尔存在异议之处。伽达默尔将逻各斯主义哲学的终结与黑格尔主义体系在 19 世纪 30 年代和 40 年代的消亡结合在一起。他把黑格尔描绘为逻各斯主义哲学最后一位伟大的代表，这当然不错。但这不应使我们忘记，康德已经用他的第一《批判》给了逻各斯主义哲学以致命打击。尤其是斯宾诺莎主义的逻各斯哲学之出人意料的复兴可以被视为对康德的一次反动。参看：H. G. Gadamer, *Wahrheit und Methode*, Tübingen, 1972, p. 207.

（*noumenal*）实在，这不能不使他的追随者们急切地渴望进一步澄清知识的存在论（ontological）根基。尤其是因为以他对本体（*noumenon*）与现象（*phenomenon*）的彻底分离，康德自己从来没能对这个问题给出令人满意的答案。从这种意义上说，康德恰恰是将他自己的追随者们推向了——这使他感到深恶痛绝并且忧心忡忡——斯宾诺莎的怀抱。斯宾诺莎的思想一般被看作是对内在于康德的体系的"虚无主义"与"宿命论"的唯一可靠的补救手段，并因而被用来"反对所有形式的二元论，不论是康德主义的、费希特主义的还是笛卡尔主义的。谢林与黑格尔都极其欣赏斯宾诺莎的一元论，因为这种理论指出了如何克服二元论，而康德、费希特和雅可比都只是在为它火上浇油"[29]。

或许可以认为，*泛神论之争*对现代历史写作有着至关重要的影响。一方面是维柯与康德的遗产，他们以知识的名义将历史与自然分离开来；另一方面是赫尔德的遗产，他倾尽其令人望而生畏的修辞力来宣扬斯宾诺莎主义，并坚持历史与自然拥有共同的存在论基础。前者体现在历史主义者对历史知识之本质的反思中，这使他们能够自信的假定，在物理学家与历史学家的研究对象之间有着坚不可摧且不可逾越的存在论上的区隔。另外，他们继承自赫尔德的东西足以使他们乐于在历史的层面中辨识出一个准自然的（quasi-natural）向度。他们将这一向度赋予政治权力：或是以马基雅维利主义或国家理性（*raison d'état*）形式出现的政治权力（就像梅尼克那样[30]），或是在一种更高的自然主义之中。当历史学家完成其任务时我们或许可以达到那种自然主

---

[29]　F. Beiser, *Hegel*, New York and London, 2005, p. 64.

[30]　F. Meinecke, *Die Idee der Staatsräson in der neueren Geschichte*, Vienna, München, 1976.

义，这将把我们带到至高的知识的层面，取代了历史与自然之间的对立（就像布克哈特那样[31]）。在梅尼克那里，历史与自然本身的（再）统一这个问题仍然是以康德主义的方式来表达的（例如，从自然的与道德的秩序之间的对立这方面来说），尽管他试图诉诸斯宾诺莎主义的泛神论（万有在神论 [pan（en）theismus]）来解决这个问题。[32] 而布克哈特则诉诸叔本华的捷径，将超验的自我与意志的存在论范畴等同。无论梅尼克和布克哈特的解决方法多么彼此相异，它们都在努力应对现代历史思想中泛神论之争的遗产，并且都在努力克服斯宾诺莎与康德之间不可调和的矛盾。

我们有理由在此对泛神论之争以及它的两个主角康德和赫尔德作一最后的评论。毫无疑问，康德的哲学才华使赫尔德那时常杂乱无章到令人惋惜的苦思冥想远远相形见绌。赫尔德绝无法和康德相提并论——毕竟，康德可以说是有史以来最伟大的哲学家——与他的同时代人（如歌德和席勒）一样，赫尔德对此有着痛切的认识。对于赫尔德来说，与康德这位他在哥尼斯堡大学时曾十分敬爱的昔日导师的冲突是他一生中最痛苦的经历，这也给他人生的最后几年蒙上了浓重的阴影。更有甚者，他大概是对他的《人类历史哲学观念》如何恰与康德的第一《批判》的本质相悖一事并没有充分的自觉。当如此勇敢地将太阳系的生成作为人类历史的开端之时，他甚至相信自己是以康德的精神来写作的。

---

[31]　布克哈特感兴趣的是，君士坦丁大帝时代如何在历史学家面前将自身呈现为从古代希腊罗马向中世纪基督教世界的"变形"（"metamorphosis", Verpuppung）——正如一只毛虫可以变成蝴蝶。

[32]　"万有在神论"（"Panentheismus"）这个术语最早是被卡尔·克里斯蒂安·克劳斯（Karl Christian Krause, 1781—1832）所使用的。参看：Zammito, op. cit, pp. 113, 131; 又可看看：R. A. Krol, "Friedrich Meinecke: Pantheism and the crisis of historicism," in: *Journal of the Philosophy of History* 4/2 (2010), pp. 172-195.

与此同时，康德也因为与赫尔德的相遇而乱了阵脚。扎米托（Zammito）甚至走得如此之远，认为《判断力批判》——特别是该书中对目的论的分析——是对赫尔德的《人类历史哲学观念》向他提出的挑战之回应。[33] 不管此事的真相如何，不可否认，康德自己在努力勾勒一种历史哲学时——他的《世界公民观点之下的普遍历史观念》（*Idee zu einer allgemeinen Geschichte in weltbürgerlichen Absicht*）——与赫尔德的《人类历史哲学观念》有某些惊人的相似之处。让我们看看以下段落：

> 大自然不做任何劳而无功之事，并且决不会浪费它用以达到自己目的的手段。既然它把理性，并且因此便把意志自由赋给了人类，这就已经明白宣示了它在确定人类天性时所怀有的意图。[34]（我的翻译）

所以，自然对我们抱有某种目的，并且给了我们实现那一由自然所指派的目的的手段——理性与自由。斯宾诺莎主义者会觉得这无可非议，因为这分明是逻各斯哲学的最好形式（*optima forma*）。[35] 康德的短文写于 1784 年，因此是在泛神论之争开始的两年前，而且正是在同一年，赫尔德的《人类历史哲学观念》第一卷问世。所以，康德如此厌恶《人类历史哲学观念》，或许正是

---

[33]　Zammito, *op. cit.*, p. 110. 又可参看：J. H. Zammito, *The genesis of Kant's Critique of Judgment*, Chicago, 1992.

[34]　"die Natur tut nämlich nichts überflüssig und ist im Gebrauche der Mittel zu ihren Zwecken nicht verschwenderisch. Da sie dem Menschen Vernunft und darauf sich gründende Freiheit des Willens gab, so war das schon eine klare Anzeige ihrer Absicht in Ansehung seiner Ausstattung", I. Kant, "Idee zu einer allgemeinen Geschichte in Weltbürgerlichen Absicht," in: id., *Kleine Schriften*, Hamburg, 1965, p. 30.

[35]　而且在许多方面开了黑格尔的历史哲学之先河。

因为它使他痛苦地认识到了他自己未经反思的斯宾诺莎主义。[36]

以后见之明人们可能会说，康德与赫尔德之间的争执最终归结为了这样一个问题，即人们能够或者应该顺应历史化的需求到何等地步。康德同意将理性、人类理性看作是自然的赠礼；但是他反对，或者说会反对赫尔德的提议，从这里推断出我们应该将自然同样包括进（人类的）历史。对于他来说，人类理性从产生了太阳系的宇宙进程中出现，这一事件属于自然的历史而非（人类的）历史。前者止于后者起始之处。然而，赫尔德情愿将人类历史视为自然的历史的一部分，他不想在二者之间看到任何不可逾越的鸿沟。

确实，由于斯宾诺莎主义，赫尔德会始终如一地以这种方式进行论证，而康德在其第一《批判》中却可能做不到这一点。因为康德的认识论作为一种关于人类知识的理论，它必然自成一体，与从历史的观点来看它是如何出现的过程无关。例如，如果你想知道眼睛为何能使你看到可视的实在，关于眼睛的历史的理论至多也不过是令人产生心血来潮的兴趣，而不可能与你的研究有任何真正关联。光学才是你应该凭依的东西，而非历史。另一方面，赫尔德会认为，康德将自然的与人类的历史区分开来，这彻头彻尾是一个专断的决定。因为，为什么我们就应该将历史

---

[36] 扎米托为赫尔德与康德之间冲突的原因这个老论题增添了一个新的向度。扎米托将德国启蒙运动划分为 "大众哲学"（Popularphilosophie）与 "学院哲学"（Schulphilosophie）两个阶段。他进而提出，康德与赫尔德都是 "大众哲学" 时期的主角，直到康德在 18 世纪 70 年代以他的哥白尼式革命打破了这一传统，开启了 "学院哲学" 的新阶段。因此不是赫尔德（像人们通常所认为的那样），而是康德打破了他们之间的合作关系。参看：J.H. Zammito, *Kant, Herder, and the birth of anthropology*, Chicago and London, 2002. 在他对赫尔德的讨论中竟全然不见斯宾诺莎的影子，这必定会令扎米托这本广博的著作的读者们感到惊讶。或许可以这样解释：扎米托的目的是为赫尔德恢复其应有的地位；因而赫尔德板上钉钉的斯宾诺莎主义更可能会妨碍讨论而非有所助益。

（甚至人类历史）限制在智人这个物种的历史之内呢。难道智人在其出现之前就不具有历史吗？更有甚者，难道人类历史不是内嵌于某种自然的历史之中的吗？人类的历史在这一自然的历史中不过是一个无足轻重的细节。

或者，像世界历史的研究者们会主张的那样，难道迫在眉睫的生态危机不是自然的历史会对人类的历史进行报复的一个令人印象深刻的证据吗？——这就意味着人类的历史已经成为了自然的历史的一部分。难道我们不是已经超越了那些自然将我们和我们的历史包围在其中的限制吗？故而我们现在就是处在与这一无所不包的自然背景的战争状态之中。难道这不就是我们所必须讲述的那种历史，为了告知人类他们正处在其历史中的何处？克劳斯·梅耶－阿比希（Klaus Meyer-Abich）会表示赞同：

> 由工业化所造成的与自然的冲突必须提醒我们这一事实，即我们不是在从外部来干涉世界，打个比方说，就像有神论认为的那样，而是我们自身便是这个世界的一部分。[37]（我的翻译）

用斯宾诺莎主义的语言来说，我们并不是自然秩序之神，而只不过是它的更为平庸的变体之一。如果有对赫尔德的历史哲学更加关注的话，我们早就会明白这一点了。那样，便会有一种历史书写来持久地警告我们，我们与自然的相互作用之中包含

[37] "Durch die Naturkrise der Industriegesellschaft sind wir daran erinnert worden, dass wir nicht sozusagen theistisch von aussen in die Welt eingreifen, sonder selbst dazugehören." See K. M. Meyer-Abich, "Herders Naturphilosophie in der Naturkrise der Industriegesellschaft", in: M. Heinz （Hg.）, *Herder und die Philosophie des Deutschen Idealismus*, Amsterdam, 1997, p. 328.

着危险。

　　但是，就像在康德与赫尔德之间进行的这一虚拟的讨论所表明的那样，我们在此陷入了僵局。我们应当顺应历史化的需求到何等地步，这终究是一个专断的决定。在此我们可能选康德也可能选赫尔德，但接下来我们将会不得不根据与这个仍悬而未决（*sub judice*）的问题本身无关的选择来决定——例如，根据我们为何偏好斯宾诺莎主义（赫尔德）或认识论（康德）。历史本身的概念在此毫无用处，因为，当试图从历史本身之中推演出历史概念时，我们便会犯下循环论证的错误。

四、黑格尔

　　在一篇关于德国唯心主义之起源的文章中，杰克·扎米托足够明确地指出了，赫尔德对唯心主义产生毫无影响的传统观点错在何处。诚然，赫尔德是康德的反面。但正因为这样，所有受困于康德体系所引起的那些问题的人都必然被他的斯宾诺莎主义所吸引。我已提到过斯宾诺莎主义在康德自己的学生那里所受的欢迎。[38] 再想想荷尔德林[39]，或者谢林，后者在 1795 年写给黑格尔的一封信中说："无论如何，我已成为了斯宾诺莎主义者（ich bin indessen ein Spinozist geworden）。"确实，唯心主义和浪漫主义多是在斯宾诺莎主义与康德主义这两极之间发展起来的。这便是为

---

[38]　参看：Zammito, op. cit., p. 123.

[39]　M. Wegenast, *Hölderlins Spinoza-rezeption und ihre Bedeutung für die Konzeption des "Hyperion"*, Tübingen, 1990.

何赫尔德的思想在世纪之交成为了许多德国思想家的样板。

对于这一论点，没有比黑格尔更令人印象深刻的证据了。首先，他们都是斯宾诺莎主义者。想想黑格尔在他的《历史哲学》中对斯宾诺莎的说法："当一个人开始以哲学的方式来看待事物的时候，他必须首先是一个斯宾诺莎主义者。灵魂必须使自身沐浴单一实体之精气（aether），一切我执皆于其中浸没。"[40] 可见黑格尔受到斯宾诺莎的吸引并不比赫尔德少，因为斯宾诺莎的单一实体概念应许了一条对康德体系的二元论的出路。[41] 最重要的便是对主体与客体之二元论的克服，因为二者都应被视为不过是单一实体的样式。[42] 赫尔德和黑格尔都乐于将这一实体称为"自然"。然而，赫尔德和黑格尔都毫不含糊地拒斥斯宾诺莎以几何学方式（*more geometrico*）进行论证的这一要求，以及他机械论和决定论的自然观[43]。在反对斯宾诺莎时，他们都热情地接受了一种生机论（organicist）的自然观[44]——这种自然观是为他们的大多数同时代人所接受的：

---

[40] 引自：F. Beiser, *Hegel*, New York and London, 2005, pp. 46, 47.

[41] 尽管必须补充说明，对于赫尔德来说，康德是他思想生涯中的主要挑战，而黑格尔对康德的态度似乎要远为冷淡。事实上，可以对黑格尔的体系进行恰如其分的描述而只字不提康德。当然，对费希特和谢林来说情况就完全不同了。

[42] 这一主张被谢林的同一性之哲学极端化了，这种哲学走得如此之远，以至于假设了主体与客体、心智与自然之间实际上的同一。参看：H. Schippers, Natur, in O. Brunner, W. Conze, R. Koselleck, *Geschichtliche Grundbegriffe*, Band 4, Stuttgart, 2004, p. 237.

[43] 在此康德或许表达了有条件的赞同，参见他在第三《批判》中的说法，即对像一片草叶的生长这样的事情来说，永远也不会有一位牛顿。而且康德在这里补充说，我们只能够完全理解我们自己所造之物，因而便无意间将维柯著名的历史主义论点"verum et factum convertuntur"引入了他那在其他方面是非常反历史主义的思想。

[44] "赫尔德作为正在兴起的生机论潮流的一部分，指向了超越他自身时代的事物，而反对他那个时代机械论的、理性主义的思维方式，他深深扎根于他自己的时代，并自然而然地反映了它的一些特征"。参看：E. G. Schick, *Metaphorical organicism in Herder's early works*, The Hague, 1971, p.121.

在 18 世纪终结时,生机论的世界观似乎是强烈地吸引了一整代思想家。生机论范式的巨大吸引力在于,通过按照单一范式来解释精神与物质,它似乎是拥护了自然的统一性与连续性。它似乎是实现了自从 17 世纪以来所有科学都苦苦追寻的理想:对生命与精神的一种非还原论的、自然主义的解释。生机论的范式是非还原论的,因为它用整体论的方法来解释所有事物,通过说明它们如何在全体中各自扮演着一个不可或缺的角色。生机论的范式同样是自然主义的,(……)因为它按照整体论的,而非机械论的规律来理解所有事件。[45]

因此,与当时的思想环境相一致,赫尔德与黑格尔都"活化"(vitalized)了斯宾诺莎。而且,在描述这一活化了的自然时,他们都欢迎将亚里士多德主义的形式因与目的因引入进来;他们都在自然中分辨出努力实现其自身的那些完满实现之原则(entelechical principles)——被黑格尔称为"观念"(ideas)[46]——他们都认为这些原则联结了(*trait d'union*)自然的领域与生命

[45] F. Beiser, *Hegel*, New York and London, 2005, pp. 85, 86. 在此,贝塞尔同意扎米托所描述的德国唯心主义者的通性:"他们不希望否认绝对的生活与绝对的存在,而是将生命本身理解为一与全部(*hen kai pan*)。由于年轻的唯心主义者将初的绝对存在(primeval Being)构想为是与绝对存在(Being)本质上融为一体的存在(being),他们将无生命的绝对(lifeless Absolute)与有生命的自然这迥然不同的二者统一了起来。对于他们来说自然不只是物质,自然是一种生命力。"见 Zammito, *op. cit.*, p. 128。

[46] 在此,黑格尔的论点显得与兰克、洪堡等早期历史主义者们所宣扬的所谓"历史观念说"惊人的相似。在讨论黑格尔的亚里士多德主义时,贝塞尔评论道:"循着亚里士多德对柏拉图的批判,黑格尔认为,共相(universals)并不是如此这般地存在着,而是仅仅在实物(*in re*),在个别的事物之中存在。就像形式内含于事物,用亚里士多德的话来说,作为具体的共相(concrete universals),共相是事物的形式-目的因(*formal-final causes*)。形式因存在于事物的本质或本性之中,使它成为其所是,而目的因是这个物所试图去实现的意图,是它发展的目标。"(参看 Beiser, *op. cit.*, p. 67)这段话完整地把握了"历史观念"这一历史主义的概念。参看:F. R. Ankersmit, "The necessity of historicism," in: *Journal of the Philosophy of History* 4(2010).

和人类历史的领域。

但赫尔德与黑格尔之间的差异也同样明显。赫尔德从未将完满实现（entelechy）及其目的与理性联系在一起。他也从不会将理性视为历史的目的因。[47]这便与黑格尔有所不同；黑格尔并非只是像赫尔德那样将历史自然化，他还将它"理性化"（rationalized）了。在他看来，理性内在于自然之中；像扎米托言简意赅地指出的那样："作为一种有生命的力量，自然既存在于世界之中，又是世界的更高原则。它是内在理性（*immanent Reason*）。"（我的翻译）[48]我们在此遇到了黑格尔向逻各斯哲学的回归，也正是在此，他大笔一挥将康德的批判哲学的全部努力都丢进了垃圾箱。[49]

请允许我在此解释一下。在十七八世纪的斯多葛主义和自然法哲学中，理性所存之处有二，而非仅有一处（例如，在人类精神当中）。斯多葛主义的λογοίσπερματικοι——例如，"逻各斯之种"（logical seeds）——保证了世间事物的行为是理性的和可预测的。从这个意义上说，理性被认为是存在于世界本身之中。如

---

[47] "与维柯正相反，相应地，赫尔德并未假定，对于历史的神圣目的与历史中实际的人类目的之间那据称是可辨认的符合，存在着终极的解释。"参看：F.M. Barnard, *Herder on nationality, humanity and history*, Montreal and Kingston, 2003, p. 110. 将赫尔德与黑格尔而非维柯作对比时，情况大致相同。赫尔德将他的目的论论证用于人类的（也是自然的）历史的组成部分，但把它从历史进程的整体中排除出去了。

[48] "Die Natur als lebendige Kraft ist sowohl in der Welt als auch deren höheres Prinzip. Sie is *immanente Vernunft*."参看：Zammito, *op. cit.*, p. 128; 又可参看：pp. 130, 131. 或者，想想在写历史哲学时，黑格尔自己是怎么说的："然而，它自身带有的唯一思想是关于理性的单纯思想，因此理性便统管着世界，并且世界历史因此也就是一个理性的过程。"（我的翻译）参看：G.W.F. Hegel, *Vorlesungen über die Philosophie der Weltgeschichte. Band 1. Die Vernunft in der Geschichte*, Hamburg, 1970, p. 28.

[49] 因此贝塞尔写道："着实令人惊讶的是，黑格尔称赞旧式的理性主义正是由于它认为思维能够在其自身当中把握存在，从这个方面来说，他甚至坚持它是站在了一个比康德的批判哲学更高的水平上。"参看：Beiser, *op. cit.*, p. 55.

果我们把物体从手中丢下，它们不会突然落向天花板，而将持续不断地落向地面。所以，这就仿佛是物体之中有某种隐藏的"原则"在"迫使"它们做出这种最为"理性"的行为。这便是黑格尔称之为"客观理性或精神"（objektiver Geist）的东西。但这同一个理性也存在于我们的精神之中，使我们能够去探索自然的奥秘——这便是"主观理性或精神"（subjektiver Geist）。在这幅图景里，理性在世界历史中的任务就是在主观理性的层面上将客观理性辨认为它自身的另一自我（*alter ego*）。但这是一个最为复杂艰辛的过程，事实上，它只有在历史终结之时才能够实现。这一过程需要如此艰苦卓绝的努力，是因为它融合了知识的与存在的领域，融合了共相与殊相。共相与知识一开始是位于解释的层面上，因为解释需要诉诸共相；殊相一开始是位于经验的层面上，因为无论什么存在物都是作为殊相被呈现给我们的。因此，如果主观理性要在客观理性这个它的另一自我中辨认出它自己，它必须跨过——同样也是弥合——知识的层面与存在的层面之间的鸿沟。

辩证法被赋予了弥合这一鸿沟的任务；而要实现调和知识与存在这一艰苦卓绝的壮举（最终产生的是"绝对精神"[absolute Mind]），辩证法所需要的正是全部的历史。像我所强调的那样，由此亦可得出，辩证法是知识与存在之间的某种媒介；因而，它同时存在于两个领域之中。结果便是，知识或者说语言与世界或者说存在之间的区分——对于所有当代的语言哲学来说，这一区分都是必要的条件——并不适用于黑格尔的体系。黑格尔哲学中所有重要的、有意思的东西都径直穿过了对于我们来说是如此熟悉的语言与世界之对立。

五、瓦纳蒙德

　　不消说，这就引出了如何给予黑格尔那些大胆的论断以某些实际、具体的内容的问题。这些论断是关于存在的层面与知识的层面之融合、共相与殊相之融合，以及语言与世界的辩证法之融合——它们最终产生的都是"绝对精神"。黑格尔自己从未纡尊降贵来回答这个问题，就我所知，他的许多学生中也没有人回答过。[50] 但我们可以肯定，它必然是未来——黑格尔所设想的"历史的终结"——的事情。这便是科幻文学的作家的想象力能够有所助益之处了。[51] 因为，难道科幻不是给了我们一种对未来、对人类的终极目标的预见吗？毫无疑问，阿瑟·克拉克爵士（1917—2008）是科幻文学——一个今日多少是消亡了的流派——中无人可望其项背的天才人物。确实，在他的四部小说中——《不让夜幕降临》（*Against the Fall of Night*）、《城市与群星》（*The City and the Stars*）、《童年的终结》（*Childhood's End*）以及《2001：太空奥德赛》（*2001：A Space Odyssey*）——出现了一个主题，这个主题似乎与黑格尔的历史终结的模式相符，并且可能给予黑格尔对历史终结的愿景以某些具体的、可以想见的实质。我会第一个承认，克拉克所描绘的未来景象是非常怪异的；然而在近来英语哲学界关于"容器中的大脑"（brains in a vat）、人们交换他们的

---

[50]　我们不能把黑格尔对自由的立宪君主制的赞扬解读为暗示历史已终结于他自己的时代，而应把它解读为仅仅是表示了在黑格尔看来，在他写作的那个时候，应该把什么看作是最进步的。黑格尔并不保守，更不反动：他赞赏拿破仑，并且直到去世为止，每到 7 月 14 日他都会为法国革命干杯。

[51]　福山（Fukuyama）所说的"历史的终结"与我们应该从黑格尔对此的看法而联想到的东西相差十万八千里，这一点实在太过明显，无须浪费口舌。对于任何试图将黑格尔所说的历史的终结置于可想见的未来（或者更糟的是，置于当下）的其他做法来说都是这样。

大脑半球、身为一只蝙蝠是什么感觉等的讨论之后，我们便没有理由抱怨克拉克的推测古怪到无法令人严肃看待了。或者想想莱布尼兹的单子论：这个体系的怪异之处甚至还要远远超过克拉克对我们讲述过的一切。

《2001：太空奥德赛》给出了基本的模式。其理念是，正如我们现在已经有假肢来代替被截去的肢体，科学将会使我们能够以更加可靠的替代物取代人类身体的所有部分。最终，我们的大脑也会被某种更加完美、持久的替代物所取代。[52] 到了那一阶段，精神与物质、知识与存在之间的对立就将被克服。[53] 当然，这似乎大大有助于实现黑格尔关于历史终结的预言。

但人们或许会反对说，我们还未到达黑格尔所说的我们应该到达的程度。因为，将我们现存的身体部件更换为技术上更加可靠的替代品，这仍给我们留下了与我们过去一直的样子相差无几的人类。至少，如果我们所有的假肢都按着它们所应有的功能来运转的话。我们将仍然是人类个体，我们依赖我们更加发达的物质机器的程度不会比我们如今依赖我们如此不完善的生物组织为少。更确切地说，将不会有黑格尔主义的殊相（如人类个体）与黑格尔主义的共相（如在把我们转变为对过往自身的机器般的影像时所必需的那种技术知识）之间的融合。

但在另外三部小说中，克拉克甚至为我们呈现了对未来更具

---

[52] 从维柯的角度看来，这一推断有着特殊的意义。维柯声称，历史提供给我们比科学知识更加高级的知识，因为我们自己创造了历史，而自然是上帝之手的造物。现在我们可能会指责维柯，说他忘记了我们，作为人类，同样属于自然，并且因此属于由上帝创造的领域。所以，我们如何能够理解历史呢？除非我们假设我们是谁这个问题与历史毫不相干。但这一假设最欠说服力：我们的自然欲望、我们的激情，甚至于我们的生物构造当然最显著不过地呈现在了人类历史之中。
[53] A. C. Clarke, 2001, *Een ruimte-odyssee*, Utrecht, 1969, p. 146.

雄心的预见。《2001：太空奥德赛》是从物质的角度来谈这个问题的，而在那里，他是从精神的角度来攻击它。像克拉克以无比雄辩的方式所表达的：

> 想象一下，每一个人的精神都是一座被海洋包围的岛屿。每一座岛仿佛都是孤立的，但实际上，它们是被它们从中诞生的岩床联系在一起。如果海洋消失了，岛屿也将不复存在。它们都将成为同一块大陆的组成部分，但它们的个体性将会消失不见。[54]

毫无疑问，这给了我们正如黑格尔所要求的那种共相与殊相的融合。但这一融合不是以 20 世纪初期的大众心理学家（像古斯塔夫·勒庞 [Gustave le Bon] 或加布里埃·塔尔德 [Gabriel Tarde]）的作品中的方式来实现的。在那些作品中，这样的融合是我们对世界的意识的减损；勒庞与塔尔德的乌合之众是盲目的力量，只待被指引到其领袖把他们带往的任何方向。但是，在克拉克这里，这种对世界的意识极大地增长了；因为它产生了一个纯粹精神，在其中对世界、对物质或存在的意识达到了完满。[55] 这听上去当然与黑格尔非常接近，特别是如果我们还记得，那种意识（*awareness*），主观（主观理性）在客观（客观理性）中对其自身的辨认，对于黑格尔的体系来说是绝对基本的要素。在这一准黑格尔主义的绝对精神之中，宇宙达到了对其自身的完满意识。就

---

[54] A. C. Clarke, *Childhood's End*, New York, 1964, p. 146.

[55] 在《2001：太空奥德赛》那公认是十分神秘莫测的结尾中，克拉克甚至勇于去描述，一个与我们的精神相仿的精神"变化"（mutation）为这样一个准黑格尔主义的绝对精神的过程可能会如何发生。

此而言，这一推论同样是斯宾诺莎主义的，因为在克拉克建构的系统中，精神与物质也一样能够被看作是斯宾诺莎主义的单一实体的散发物（emanations）或变体。但即便到了这里，事情也还没有结束。

因为，在《童年的终结》和《城市与群星》这两本书中，克拉克又继续对绝对精神的这一模式略加探讨。像克拉克坚持认为的那样，在它显示其自身的时刻和地点，可能会发生怪异之事。在《童年的终结》中，当人类将其自身变形为"绝对精神"之时，那最后一个仍与你我一样的人见证了其行止：

> 且慢：我注意到了一些别的东西。我的体重在下降。这是怎么回事？我掉了一支铅笔——它正在缓慢的下落。重力出了问题。（……）我周围的建筑、大地、山脉——所有东西都像玻璃一样——我的视线可以穿透它们。地球正在融化。我已几乎完全失去重量。（……）河流在消失。不过天空还原封未动。我几乎无法呼吸。看到月亮仍在天上发着光，这感觉真怪。我很高兴他们留下了月亮，但它现在要孤零零的了。那光！从我脚下——地球内部——照上来，透过岩石、大地、一切东西——越来越亮，令人目眩——[56]

讲述在这里中断了——最后一个人也与万事万物一并被融为了虚无。像这段引文中清楚表现出来的那样，"绝对精神"或许会着迷于玩弄自然规律，随心所欲地改变它们。这也正像它所应是的

---

[56]　Clarke, *Childhoods' End*, pp. 216, 217.

那样。一个作为纯粹意识，并且仅仅作为意识的精神仍然保持着意识与被意识之物之间的区分。真正的绝对精神必须通过成为自然规律的主人来克服这一区分。再一次地，这之中有着某种深意。像克拉克所描述的那样消解地球与它上面的最后一个人类居民，这预设了一个如此去做的意志（*will*）。在这方面，克拉克这种黑格尔的绝对精神与叔本华的意志[57]——所有现象实在的本体基础——相接近了。存在意志的地方，就必须有一个实体来怀有这个意志。这一实体因而就将对它自身所是的具体实体与它意志所向的自然规律调和在了一起，因而完美地符合了黑格尔"具体共相"（"concrete universal"）的概念。但作为那样的东西，它仍然保有着——如它所必须的那样——某些属于殊相之物，因而能够被赋予一个恰如其分的名字。克拉克给它取名为"瓦纳蒙德"（Vanamonde）[58]，这个名字当然比上帝这个名字更具诗意，更激动人心。[59]

六、预见

克拉克对人类未来之愿景的最后一个方面与我们现下的语境相关。《童年的终结》开始于所谓的最高统治者（Overlords）的入侵，他们被赋予了管理人类的任务，直到人类像上一节中描述

---

[57]　但愿叔本华原谅我在此将他的体系嫁接在了他对其只觉憎恶蔑视的黑格尔体系之上。

[58]　Clarke, *The City and the Stars*, p. 164 ff.

[59]　事实上，尽管智慧通常被认为是上帝的一个最为显著的属性，克拉克把他的那种绝对精神与孩童的好玩之心（playfulness）联系在了一起。"绝对精神"似乎仍需成长。因而，令人好奇的问题便是，从这一发人深省的假设之中能够得出什么意义。

的那样转变为"绝对精神"。在这本书的最后,一个最高统治者在与地球上最后一个人类居民谈话时提到了那场入侵:

> 当我们的太空船进入你们的天空时(……)正如我们所料,你们对我们感到恐惧,并且认出了我们。说这记忆是不确切的。你已掌握了证据,证明时间比你们的科学所曾经设想过的要更加复杂。因为那一记忆不是关于过去,而是关于未来的——关于你们的种族已知晓万事皆休之时的那个末日。这就好像是某种扭曲的回声沿着闭合的时间之环发出回响,从未来到达过去。不要把它称作记忆,叫它预见。[60]

总而言之,人类如此害怕入侵者,是因为人类对即将发生之事具有一种模糊却强有力的预见。可以说,不是"余波",而是"先声"。虑及这一同样如此发人深省的假设时,我们首先会想到萨缪尔·约翰逊(Samuel Johnson)乍看上去十分违反直觉的论断:"没有什么比知道自己明天就会被吊死更令人安心的了。"当然这并非一件能够草率概括之事——有许多例子似乎都与约翰逊的看法相反。无论如何,在他的最后一本书中,杜威·德拉埃斯玛(Douwe Draaisma)讨论了那些罗伯斯庇尔恐怖时期的受害者在被处决前夕所写的信件,这些信件之所以能传诸后世,是因为富基埃-塔维尔(Fouquier-Tinville)的下属们根本没有费心把它们交给收件人。这些信件中最令人惊讶的是那种听天由命的态度,

---

[60] Clarke, *Childhood's End*, p. 207.

很明显，比起第二天就要上断头台来说，它们的作者更关心他们将会如何继续活在他们的妻子、丈夫和孩子的记忆里。[61] 更有甚者，德拉埃斯玛在他最知名的著作的终章里讨论了"濒死体验"（"near death experiences"，NDE's），即，当人们确信他们将在几秒钟内死去时，他们的头脑中想的是什么。像是登山者在显然将会致命的坠落过程中，游泳者在即将溺死时，或者当人们被卷入一场严重的车祸时。再一次地，人们感到的不是恐慌或绝望，而是一种超然、平静客观的神经冲动，通常伴有所谓的"全景式记忆"（"panoramic memory"），即倾向于在一个综合的整体之中回顾自己的全部人生。如果这些故事所言不虚，死亡必定不像我们通常所相信的那样，是一场苦难（人们或许会补充道，海德格尔所说的"面向死亡而存在"[Sein zum Tode] 还更为糟糕）。[62] 殊为可怪的是，临近死亡（*imminent death*）这一前景似乎并不如死里逃生（*survival of death*）那样骇人。尽管我们会认为死亡是一件如此可怕的事情，它的"先声"必然要远远糟于它的"余波"，因为无论在余波中会发生什么，此人显然已经幸运地自那个有可能致命的事件本身之中存活下来，因而避过了最坏的结果。

但是现在让我们来假设一下，假如明天的报纸上宣布，科学家们已经确定，或早或晚我们都会死。人们会普遍认为这条消息是愚蠢的，不只因为这对我们来说不是什么新闻，也因为几乎没有人真正在为他们自身那不可避免的死亡而担忧。[63] 但是如果报

---

[61] D. Draaisma, *Vergeetboek*, Groningen, 2010, pp. 229-249.

[62] D. Draaisma, *Why life speeds up as you get older: how memory shapes our past*, Cambridge, 2004, chapter 17.

[63] 或者，像斯宾诺莎所说的那样，通过将我们的生命体验为永恒来使自己对那一事实视而不见。

纸上对我们说的是，由于某种无法逃脱的宇宙性灾难，人类将在约两百年后迎来它的终结——因而即便是在所有现在活着的人们无论如何都已死去之后——这条新闻将会给我们带来极大的震撼。显然，我们对自身之死的反应与我们对全体人类之死的反应是不对等的。可以说，这可以被看作是人类个体的特征中更为可取的一个；显然，超越我们自身对世界的狭隘视角的能力某种程度上是先天存在于人性之中的。既然如此，试想，人类会奇怪地对人类的终结比对自身的死亡更加敏感——也许是由于进化的过程写进我们 DNA 的某个基因——克拉克那认为我们可能对某个未来的灾难具有预见的想法，便不像乍看上去的那样毫无思想根据了。

这将把我们带回到本文开始时的假设，即，世界历史或许是气候科学家们所预测的生态灾难的"先声"。

七、斯宾诺莎与康德之间的中道

我想，你们中的大多数人都会像我一样，被黑格尔对人类未来的启示录式的愿景所震撼，甚至更多地，被克拉克如此卓尔不凡、雄辩且具说服力地对黑格尔的愿景所作的诗化描述震撼。这种关于最后之物的故事总是有吸引力的，虽然我们可能会对它们的说服力有所怀疑。谁在读圣约翰的《启示录》时没有被它的语言及其中描绘的场面所深深震撼呢？在所有这样的文本中都具有一种宇宙性的诗意，它必定使我们想起伯克和康德关于崇高的概念，而这也是我们会在贝多芬的伟大交响曲中发现（与霍夫曼 [E.

T. A. Hoffmann] 一道）[64]，或者在像弗朗西斯科·戈雅（Francisco Goya）、大卫·卡斯帕·弗里德里希（David Kaspar Friedrich）或约翰·马丁（John Martin）这样的画家的作品中发现的那种诗意。这些艺术作品给了我们一种暗示，关于永恒、宇宙之浩瀚、自然之力量，以及与所有这一切相对的，我们自身的渺小和全然无足轻重。即便如此，我们自己在这些崇高的愿景之中也有一个需要扮演的角色；哪怕仅仅是为了强调我们自己的无足轻重。这些崇高的艺术作品的创造者们因而从未忘记将人类提上一笔。[65]他们需要人类的徒劳，以赞美崇高的自然，或者相反，需要一个崇高的自然以指出我们自身的徒劳。无论如何，自然与人类这二者仍旧彼此相连；以这种方式，崇高的艺术似乎是向斯宾诺莎主义关于单一实体的推断致敬，我们与雄伟的山峰、咆哮的怒涛或宇宙冰冷而无生气的无限同样归属于这个单一实体。或者不如说，像崇高的理论家们认为的那样，我们是可厌地受困于这一悖谬：我们不得不具有这样一种归属感，然而同时我们确信，实际上我们永远不可能成功地将归属感扩展到山峰、怒涛等事物。

的确，在所有这些暗示了崇高性的作品中，没有给人类和人性留下任何余地；他被巨大的自然力完全吞噬，自然之力要远远胜过他自己那脆弱的力量。因此，在世界历史——或许是崇高这个主题的又一变奏——以及在人类命运是由基因、细菌、流行病、冰川期之规律、对谷物草料和牲畜的分配过程中的意外等事

---

[64]　关于音乐中的崇高，参看伍尔斯（Kiene Brillenburg Wurth）的论文 *The musically sublime: Indeterminacy, infinity, irresovability*（New York, 2009）。

[65]　约翰·马丁（1789—1854）作于1812年的令人印象深刻的画作《寻找忘川的萨达克》（"Sadak in search of the waters of oblivion"）惊人地描绘了这一主张。在想象中把前景中那个微不足道的人类形象抹去——而这幅画就变得没有意义了。

物所决定之处，情况也是如此。尽管人类这个物种也同样被呈现在了这里，但正像在崇高的艺术作品中那样，仅仅是作为比其强大无数倍的半神之力的无助、顺服的玩物。

毫无疑问，这是一个意味深长的信息，特别是在今天。我们已经忘记了自然，忘记了人类历史终究是自然的历史之一部分这一不可否认的事实。在人类历史存在之前，便已存在着自然的历史，并且，在人类的历史终结之后，自然的历史也还将永世长存——引用阿瑟·克拉克又一篇动人至深的故事的标题来说的话，"人来了又去"（man came and went）。因此，黑格尔坚持"对客观的意识"或者说自然是我们自身之完善的一个条件便是正确的。如果科学家们所言不虚，如今一场生态灾难已是迫在眉睫，而黑格尔的观点就比以往任何时候都要来得真切。没有这样一种意识，没有这种关于自然对我们施加于她的最不负责任的行为的反应的意识，对自然与人之间的平衡的重置便无从开始。所以，让自然把我们包裹在它最为崇高的外衣之中吧，那样我们便不会再次认识不到它的力量。因此我们无论读多少黑格尔和克拉克的作品都不为过。

但仅有黑格尔的意识是不够的。我们同样需要人类行动者这个概念；如果因为它在过去的一个半世纪中表现得如此糟糕、如此有百害而无一利便将其抹消的话，那将会犯下最愚蠢的错误。崇高性，以及像黑格尔与克拉克这样的作者以崇高的风格所写就的作品会对我们产生的危险影响，便是它们使人类行动者失去了作用。需要有人类行动者来纠正过去的人类行动者所犯下的错误——如果没有了它，所有一切都将付之东流。但黑格尔的"绝对精神"的愿景没有为行动者留下任何余地。在他看来，历史的终结就是行动的终结。在达到那一最终阶段之后，谁还能做什么有意义之事？一个人？我们？上帝？黑格尔的"绝对精神"给实际行动留下了什么前途呢？它所能做的不过是坐下来思索它沿之而来的道路。在那个时候一切都成为了历史，而未来则被抹消。在克拉克对黑格尔的运用之中便是这样：克拉克的绝对精神要么是纯然破坏性的（"疯狂的精神"），孩子气地令比如说河水流向高处而非相反来玩耍；要么，最通常的情况下，它们只是不确定它们能做什么有意义之事。因而，像在《2001：太空奥德赛》中那样，克拉克让黑格尔的"绝对精神"在小说的结尾不无沮丧地宣称："尽管他现在是世界的主人了，他还是并不确切地知道他应该做些什么。但他会想出一些来的。"但是，再一次地，它／他到底还能做什么有意义之事呢？[66]

对于像麦克尼尔和他的许多追随者们所写的那种世界历史来说，情况大抵相同。在被如此展现的历史中，不存在一个能够让人们作出有意义的行动的关键点，仅仅因为所有的人类行动，无论是个体的还是集体的，从他们通常所采用的那个视角看来全不重要。世界历史是不可逆转的既成事实（*faits accomplis*）的历史，是那些我们既不能阻止也不能改变的事实的历史。它是那种如雷暴一般在我们头顶怒吼的历史。

传统的历史写作太过人本主义；它在我们的集体过去之中只看到了人的双手与精神——而赫尔德、黑格尔与当代世界历史的斯宾诺莎主义采取了另外一个极端，将人类历史看作不过是自然的历史的延伸。

---

[66] 引入某种宇宙性的主人／奴隶关系或许是黑格尔自己的提议。但是我想，运用这一提议不会是件容易之事。

因此，在这两个极端之间，在传统的维柯式的、人本主义的世界图景这出美尼普斯剧（Menippean satire）[67]，[68] 与斯宾诺莎、黑格尔与克拉克那宇宙性的崇高之间，到何处去寻找中道（*juste milieu*）？在人类这个总喜欢讲述它的历史的物种与自然之间，到何处去寻找恰当的平衡？

眼下，有两种选择可以作为这两个极端之间的中道。第一种选择是返回某种对人的领域和自然的领域作出的形而上学区分，像是由维柯所提供的那种典型的区分，它呈现给我们在科学领域与人文学科领域之间，因而是在自然与人之间如此令人安心的清楚划分。但这样一种解决方式将无法公正对待我们当下的困境，这一困境迫使我们直面自然的领域与人的领域的剧烈调整，在自然与人都在历史舞台上扮演它们被预先决定的角色这样一个假设的前提下，我们甚至根本不能期望对这一调整进行有意义的讨论。

现在我们最好回想一下，关于人与自然之间关系的讨论是由"斯宾诺莎主义之争"（Spinozismusstreit）所引起的，康德与赫尔德是其中的主角。而那场讨论本质上并不是关于如何将世界划分为一个适合于自然的领域和一个适合于人类的领域。倒不如说这场讨论是一场认识论对形而上学的争论。康德曾经自问，是什么条件使人类对这个既是自然的又是人类的世界的知识成为可能。这一认识论理路也使他能够提出一种令人念及维柯的区分。在他

---

[67]　对美尼普斯剧的解释，参看：H. Kellner, *Language and historical representation*, Madison, 1989, p. 172. 凯尔纳在这本书中精彩地论证了布罗代尔的《菲利普二世时代的地中海和地中海世界》（*La Méditerranée et le monde Méditerranéen à l'époque de Philippe II*）就是以这种风格写就的。

[68]　考虑人本主义的世界图景时，人们很可能陷入这一悖论：如果要将人类这个物种从当下威胁着它生存的危险中拯救出来，我们应该从比过去更加远离人本主义开始。

的认识论的基础上，一方面存在着超验自我的领域，另一方面，存在着现象世界的领域，作为超验主义的自我对那一世界的知识的对象。维柯的形而上学区分现在变成了一种认识论上的区分。事实上，这便是由康德所实现的伟大革命：所有（过去的）存在论争论如今都从康德的超验自我的角度来探讨了。顺带一提，这丝毫也没有妨碍，用新的康德主义的词汇表能够产生出与前康德主义的存在论或形而上学时期的那些结论非常相似的结果。例如，在自然的领域与人的领域之间的较古早的维柯式区分可以在19世纪末的新康德主义中，借助超验自我与它的知识的对象这样的术语来重新形成。

然而，在现下的语境中具有特殊重要性的是康德的伦理学。人尽皆知，通过自问伦理学如何可能这一超验的问题，康德同样将超验的理路应用于伦理学。换言之，伦理学不应像过去那样，建立在区区经验的或者理性的原则之上。诸如此类的原则将不得不受到超验理性之法庭的传唤，以质询它们的可能性。像康德所说的那样：

> 因而我们将不得不以全然先验的方式来探究绝对命令的可能性，因为在这里我们不幸地失去了这一优势，即我们应该在经验中得到它的实在，因此确定绝对命令并不需要这一可能性，而仅仅是在解释绝对命令的时候才会需要它。[69]（我的翻译）

---

[69] "wir werden also die Möglichkeit eines kategorischen Imperatives gänzlich apriori zu untersuchen haben, da uns hier der Vorteil nicht zustatten kommt, dass die Wirklichkeit desselben in der Erfahrung gegeben und also die Möglichkeit nicht zur Festsetzung, bloss zur Erklärung nötig ware." See I. Kant, *Grundlegung zur Metaphysik der Sitten*, Stuttgart (Reclam) , 1970, p. 66.

同样人尽皆知的是，这使得康德向自己提出了这一有些令人惊讶的问题，即仅仅是绝对命令（或一个绝对命令）的形式是否还未在其自身中包含使其成形的线索。像康德所坚持认为的那样，情况确实如此，其结果就是绝对命令表现为如下形式："永远按照你能够期望[70]成为普遍规律的行动原则去行动。"稍后康德提出了绝对命令的不同形式，我现在要引用的是对我们现下的讨论有特殊意义的那一种：

> 由于决定着结果的那些规律的普遍性是在最广泛意义上（与其形式相符）来说的自然，又由于事物的存在是由自然规律决定的——普遍的绝对命令可以被表述如下：永远以这样一种方式来行动，使你的行动的原则能够因你自己的意志，成为一条普遍的自然规律。[71]

因此，康德在此是将我们的道德义务呈现为了对自然规律的一种补充：普遍的自然规律已经存在，但我们应该为它们加上——作为附加的自然规律——由超验的实践理性所规定的同样普遍的道德规律。

这便是为何康德可以说是在自然秩序与人的秩序之间，在赫

---

[70] 不幸的是，康德从未告诉过我们，我们拥有什么标准来决定自己是否能够或者应当期望某个行动原则成为或不成为一条普遍规律。但是，在此矛盾的概念或许能给他一条出路，例如，可以说将偷窃的原则变为一条普遍规律将会与财产的概念相矛盾。

[71] "weil die Allgemeinheit des Gesetzes, wonach Wirkungen geschehen, dasjenige ausmacht, was eigentlich *Natur* im allgemeinsten Verstande（der Form nach），d.i. das Dasein der Dinge, heisst, sofern es nach allgemeinen Gesetze bestimmt ist, so könnte der allgemeine Imperativ der Pflicht auch so lauten: *handle so, als ob die Maxime deiner Handlung durch deinen Willen zum* ALLGEMEINEN NATURGESETZE *werden sollte.*" See Kant, *op. cit.*, p. 68.

尔德、黑格尔和克拉克的斯宾诺莎主义传统与维柯的人本主义之间保持了适当的平衡。斯宾诺莎主义的伦理学不过是一种（斯多葛主义的）对自然规律的服从；但康德为这些规律加上了源自超验的人类理性的道德规律。最终，我们看到这一综合是在道德义务的层面上实现的。因而这就为我们规定了我们对"自然"所负有的责任，而在维柯的人本主义中，我们却将这些责任忘却了。

八、结论

如果气候科学家们所言不虚——而忽略他们的警告将会是最为不智的——我们当下正生活在一场灾难的所谓"先声"之中，这场最严重的灾难将会把人类的未来卷入其中。没有人[72]能够继续否认，如果我们不能大幅度地削减二氧化碳排放、世界人口的规模、我们的生态足迹以及我们对这个世界上的自然资源最不负责任的开发，自然将会对我们进行严酷的报复。正如马克·林纳斯（Mark Lynas）、埃德蒙·威尔森和其他许多作者都已经用令人毛骨悚然的笔触清楚指出的那样；如果我们顽固地拒绝承认这一关系到人类在未来的存续机会的绝对基本的事实，便会有一场灾难降临到我们头上，第二次世界大战和大屠杀与这场灾难相比将

---

[72] 除了像乔治·布什这样的人——布什曾经声称，他要用"白宫效应"（White House effect）来对抗"温室效应"（the greenhouse effect）。这着实可笑。

不过是田园牧歌。[73] 诚然，这些作者总是怀着希望地补充说，我们仍然有可能逃离这场灾难，如果我们集体同意某些相当艰难的应对手段的话。但在京都、哥本哈根、坎昆与（更晚近的）迪拜之后，情况就很清楚了：我们最好还是别再对此抱有奢望。遭遇了 2008 年和 2011 年的信用与债务危机，我们头脑里有其他更紧迫的事情需要考虑。因此，如果有一场生态灾难正在前方等待着我们，我们肯定会一点儿不差地遭受它。

从根本上说，迫在眉睫的灾难是一场人与自然之间的冲突。当然，像"一场人与自然之间的冲突"这样的说法是拟人论的隐喻，不能从字面上去理解。在这样一场灾难中，不会有任何违反自然规律之事；我们在这场与自然的冲突中的落败将会是完全符合自然规律的，哪怕在最微小的细节上。不会有一位瓦纳蒙德为我们改变这些规律；无论人本主义历史观中所固有的拟人论会使我们多么想要这样相信。我们也不应从字面意义上把"自然"视作一个与人类相冲突之敌；"自然"既没有渴望，也没有目的，以斗争的方式来解决与人类的冲突也并非它的计划。即便如此，这个比喻当然还是有意义的：直到相当晚近的时期，除了偶尔的地震、火山喷发或海啸，"自然"都处在人类的历史之外，但它现在成为了人类历史中一个相当重要，甚至是至关重要的部分。反过来说，直到工业革命之前，人类都没有对自然产生过任何显而易见的影响，而现在人类可能会将地球变为一片贫瘠的、了无

---

[73]　M. Lynas, *Six degrees: Our future on a hotter planet* (Washington, 2008，一部令人深感不安的书)，E. O. Wilson, *The future of life* (New York, 2002，认为我们是他所称为的"瓶颈"一代：如果我们没能立刻作出正确的决定，我们将毁掉后代人的未来)。在这个语境下其他相关作品的列举，参看：D. Chakrabarty,"The climate of history: four theses,"in: *Critical Inquiry* 35（winter 2009），p. 200, note 8.

生气的不毛之地。

从这个角度来看，我们可能会同意保罗·克卢岑（Paul Crutzen）的说法，即我们当今是生活在"人类纪"（anthropocene）之中，这个地质时代的特点在很大程度上是由人类行动者所决定的。[74]这应该促使我们去重新考虑人类的历史与自然的历史之间的关系问题，这个问题在18世纪末的"泛神论之争"中是如此至关重要。在那场以赫尔德和康德为其主角的斗争之中，人们的讨论集中在两个通常并没有清楚地区分开来的问题上。首先，是否人与自然都是唯一的单一实体的部分，就像斯宾诺莎所说的那样？从我们当今与自然的生态冲突的角度，人们可能会觉得同斯宾诺莎主义者的立场感同身受。难道维柯的人本主义不是使我们忘记了自然，并且相信我们是生活在某个独立的存在论领域，而自然令人安心地无法进入其中吗？因此，当"自然"已经如此充分地表明，它不会允许我们宣称它无足轻重，我们现在是否都应该再次成为斯宾诺莎主义者呢？

但这就将我带到了第二个问题。康德的主要成就是决定性地令"逻各斯"哲学声名扫地，而斯宾诺莎主义当然是后者的一个典型。斯宾诺莎假定在实在自身当中存在着一种理性——单一实体——并且要求认知的主体承认，甚至是彻底服从于这一理性。黑格尔可以说是将斯宾诺莎主义极大的历史主义化了——没有人会不对他做到这一点的方式印象深刻。但是，不管怎么说，他的体系都是对逻各斯哲学的复兴。而这样的复兴只有在无视康德批判哲学的情况下才有可能。

---

[74]　Chakrabarty, *op. cit.*, pp. 207-212.

因此，这就将我们置于了是（否）要为了斯宾诺莎主义而抛弃康德的两难状况之中，因为在一场生态灾难的"先声"之中，前者似乎更符合我们对哲学的期望。尤其是因为我们都很清楚康德的科学至上主义倾向：难道不正是科学使我们陷入了如今的困局吗？

尽管如此，在这一两难状况中，我会选择站在康德那边。首先，尽管斯宾诺莎主义的历史观或许通过将人类历史包括在自然的历史中，为我们展现了一幅关于人类的过去与现在的迷人景象。但是要为此付出的代价便是牺牲掉人类行动者。在当今的环境下，这一牺牲既不切实际，又不合时宜。其次，我会把向逻各斯哲学的回归视为一项令人遗憾的、反动的哲学策略。我们可以"超越（*beyond*）康德"，但不是回到一个前于他的批判哲学的阶段。这绝不意味着我们要全盘接受康德的认识论；而存在着战胜逻各斯哲学的其他方式。[75]

Abstract:

World history (not to be confused with global history) enjoys a great deal of popularity nowadays. We are no longer interested now in the history of the nation-state, of social class or of some cultural movement. Or at least less so than before.

What now fascinates us is how mankind, as we presently know it, came into being when 'it broke with the cake of custom' (as Toynbee put it),

---

[75] 例如，像在我的专著中所主张的那样。参看：*Meaning, Truth and Reference in Historical Represe-ntation*, Cornell UP, 2012.

and no less what preceded that moment. How was emancipated man from the domain of nature, how did he succeed in creating a domain that we now unproblematically oppose to that of nature? Or, to put it all together, what can we say about man and mankind if looking at them from the perspective of nature, viz. a perspective assuming man to be just one more of the species inhabiting this world.

And then we cannot fail to ask the question: if men came from nature, will he return to it again 'in the end', and how to conceive of such a return to nature? We might think here of Hegel's speculations of the absolute mind suggesting a final reconciliation ('Versöhnung') of Mind and Nature. Nevertheless, Hegel is not very specific about this reconciliation of mankind and nature. So at the end of my paper I turn to SF literature in an attempt to give some substance to Hegel's intuitions.

文化历史主义再思考：
一条从布克哈特延续至今的系谱？*

埃里森·摩尔（西悉尼大学人文与传播艺术学院）

金　建译　董立河校

内容摘要：

　　在当代历史编纂实践中，文化史甚为繁盛。事实上，这种研究过去的方法似乎已经成为世界历史学研究中最为广泛使用的方式。但是，考察无数和本文作者一样称他们的作品为文化史的学者所采用的一系列方法，明显发现，关于如何将这一知识领域同历史研究或文化研究的其他类型区分开来，各种观点分歧很大。本文是对史学思想中最为常见的文化史解释的一种修正，那些解释通常将文化史描述为一种第二次世界大战之后才兴起的新的历史形式，一种理解过去的事实和文本的后结构主义的方法。虽然

　　* 本文作者感谢那些为本文的较早版本提出修改意见的多位历史学者，同时也努力吸收他们所提出的宝贵的建议与批评，但本文作者对文中的所有观点负全责。感谢所有本文作者就这一项目在昆士兰大学、麦格理大学、新南威尔士大学、弗林德斯大学以及 2010 年芬兰土尔库文化史国际研讨会上所作报告的参与人。

严谨的长期的历史编纂学研究的确倾向于承认文化史的早期先驱形式，但是，更为常见的将其起源视为晚近的 20 世纪的发明的观点，一直在对其的史学阐述中占据主流地位。文化史实践的近期拥护者通常在对其起源和认识论的错误理解上串通一气，共同断言它的新颖性和后现代主义。有些解释的确考虑了近期实践的早期先驱形态，但是依然坚持在"旧"文化史和"新"文化史之间存在断裂，认为雅各布·布克哈特 1860 年的《意大利文艺复兴时期的文化》一书的精英风格同"新"文化史在二战后的方法中强调大众文化和文本诠释之间不兼容。[1]尽管在文化史的历史进程中，人们构想的方法的确有着重大变化，但是本文意欲驳斥新旧形式之间分歧的观点，认为文化史认识论在 19 和 20 世纪思想史上是另外一条延续不断的系谱。

这里所说的"认识论"，指的是将文化史设想为一种认识风格的方式，它部分体现在文化史的实践中，尤其体现在其理论上的自我描述——包括文化史学家对文本在认识历史真相中地位的解释，以及他们关于自己的分析技艺与其他学科的关系的反思。促使本文撰写的一种考虑是要澄清在很多英语历史编纂叙述中仍然广为常见的对文化史同历史真相的关系的明显误解。该文认为，重温早期形式的文化史思想，能够有助于我们回应近期对历史跨学科性和历史真相的关注。论文也试图解释为何如此明显相

---

[1] J. Burckhardt, *Die Kultur der Renaissance in Italien*, Frankfurt am Main, 1989（1860）. 彼得·伯克在历史上的流行文化这一领域作出了极为丰富的研究，比如 P. Burke, *Popular Culture in Early Modern Europe*（New York, 2009）。

关的先驱成果却常常被忽视。

本文历史地考察了有关新旧文化史之间存在断裂的观点，提出了理解它们之间关系的替代框架。并提出了一种修正方案，倾向于把文化史的起源历史地解释为一种认知风格。在此基础上，该文更大的目的在于重新激发人们对一种跨学科文化史认识论的可能性的兴趣。那种可能的风格的确产生于 19 世纪末的学术文化中，随即却因民族主义的紧张局势、个人的创伤、意识形态上的争执以及学科保护主义而脱离了正常的发展轨道。我们需要重新考虑早期文化史的命运所发生的背景——民族主义和两次世界大战，以及德国历史学界激烈进行的方法论争论。文章的后半部分所探讨的问题有 20 世纪欧洲制度实践的作用、法国和德国学术文化之间的民族张力以及在他们身上出现的相互冲突的学术理想。

沿着伊恩·亨特（Ian Hunter）与柯乃尔·考德兰（Conal Condren）的线索[2]，本文认识到有必要在史学思想的历史中考量各个世代的文化理想、制度背景和学者个人，意在勾勒出比严格的学术系谱更为广阔的东西。在本文范围内进行"个人"研究的可能性受到限制，因为它要讨论不同文化和世代的很多历史学家，没有足够的空间留给类似亨特的作品中的关于个人的丰富的人际间研究和机构的背景研究。不过，就新旧文化史而言，有很多系谱之外的背景可以帮助解释人们所意识到的断裂，不管是在 20 世纪之交的政治和文化历史学家之间，还是在旧德国文化史学与晚近的法国和英语国家的变种之间。随着早期文化史学家在新

---

[2]　I. Hunter, C. Condren, "Introduction: The *Persona* of the Philosopher in the Eighteenth Century," in: *Intellectual History Review*, 18 (2008), pp. 315-317; C. Condren, "English Historiographical Revisionism, 'Cambridge School' Intellectual History: Some Aspects of the Problem of Contextualisation," in: *International Journal of Public Affairs*, 2 (2006), pp. 19-28.

兴学科的边缘占据边缘地带，同时也由于对两次世界大战之间左右他们文化的那种民族张力感到不适，这些旧文化史学家们从未获得一种强有力的地位，以确保他们的传统在欧洲大学的历史研究制度化过程中占据一席之地。

尽管如此，这一传统仍然对贯穿 20 世纪历史学、社会学、哲学和理论的各种思想流派产生了有力的影响。本文通过考量威廉·狄尔泰（Wilhelm Dilthey）、恩斯特·卡西尔（Ernst Cassirer）、汉斯-格奥尔格·伽达默尔（Hans-Georg Gadamer）以及吉奥乔·阿甘本（Giorgio Agamben）和雅各布·布克哈特、卡尔·兰普莱希特（Karl Lamprecht）、阿比·瓦尔堡（Aby Warburg）等人的著作之间的关系，提出一种正在兴起的关于文化历史学对后结构主义、诠释学和人文学科跨学科的贡献的新的理解。仍然广受拥护的观点是，历史学本身只是在第二次世界大战结束之后，在其他学科和新的研究领域（文化人类学、文学、社会理论、女性主义、后殖民研究）的影响下才有了跨学科和文本诠释方法，这种观点需要进行一些修正。历史学家——指的是旧文化史家——深深陷入一些最有影响的 20 世纪大陆思想的系谱中；此外，这些系谱还帮助滋养了新文化史在其同后结构主义和文化人类学关系中的重生，尽管通常新文化史家本身对此最一无所知。但这种说法并不是说，早期文化史思想家们"预见到了"后来的趋势。如果我们忽视了赫伊津哈（Huizinga）、瓦尔堡的研究方法如何从20 世纪早期语言学、历史学、人类学和心理学的对话中产生，忽视那些跨学科和跨文化的融合如何在大学专业化和洲际战争的环境下承受痛苦，那么我们就不免会把赫伊津哈视为原—后结构主义者而把瓦尔堡视为原—格尔茨主义者。本文重点不在于说明新文化史比我们所想的要早得多，而在于思考，致力于一种博学的文化史认识论的早期计划如何在第二次世界大战之中的某个时候遭到了挫败，以及它那幸存下来的部分又如何继续影响着后来的学术潮流，并最终导致了自身的重生。

应该先作几点说明。首先，不是说早期文化史思想家已经被所有人遗忘，也不是说关于文化史本身的实践史的严肃研究一直都被忽视了——近年来出现的众多相关成果表明，对文化史的历史性考察显然成为了一个蓬勃发展的关切点。[3] 但是，旧文化史思想家被沿袭或被遗忘的程度，在不同的文化和不同的历史专门研究中是千差万别的。有些旧文化史思想家，尤其是卡西尔和赫伊津哈，在近年来的历史学和哲学研究中取得了相当大的复兴。[4] 而同现代晚期的历史学家相比，中世纪晚期和意大利现代早期的历史学界没有那么倾向于忽略那些在他们的历史领域的奠基中的重要人物。毫不奇怪，关于德国旧思想家在何种程度上得到复兴和维护的最重大的差异之一就存在于欧洲不同的文化之间。英语国家新文化史近来最突出的拥护者是法国文化史家琼·斯科特（Joan Scott）和林恩·亨特（Lynn Hunt）。法国年鉴学派历史学家对亨特和斯科特的巨大影响或许有助于解释他们对德国传统的抹杀，这些传统也是年鉴学派本身所倾向于回避的。

---

[3] 除本文中讨论的学术成果之外，另可参看：P. Poirrier, *Les Enjeux de l'histoire culturelle*, Paris, 2004; J. W. Cook, L. B. Glickman, M. O. Malley, *The Cultural Turn in U.S. History: Past, Present and Future*, Chicago, 2008; E. A. Clarke, *History, Theory and Text: Historians at the Linguistic Turn*, Cambridge, MA, 2004.

[4] J. A. Barash (ed.), *The Symbolic Construction of Reality: The Legacy of Ernst Cassirer* (Chicago, 2008); E. Skidelsky, *Ernst Cassirer, the Last Philosopher of Culture*, Princeton, 2008; P. E. Gordon, *Continental Divide: Heidegger, Cassirer, Davos*, Cambridge MA, 2010; C. Strupp, *Johan Huizinga: Geschichtswissenschaft als Kulturgeschichte*, Göttingen, 2000.

当然，并非所有关于文化史的近期研究都忽视了它的历史，或者无意于理解它认识论上的显著优点。事实上，近来有很多杰出的研究已经雄辩地、精细地考察了文化史自身的实践史方面的方法论的先行者。值得注意的是，唐纳德·凯利（Donald Kelley）博学而细致的工作思考了早期文化历史学家的运动在更加广泛的史学史当中的重要地位。[5] 但是，凯利似乎并没有考虑到这样一种可能性——本文将要详细阐述——即文化史学关于自身的认识论思想可能有一个更加具体和持续的历史，它作为一条清晰可辨的红线贯穿于历史学家的历史中，而凯利仅仅粗略地对之作了追溯。类似地，约翰·多克尔（John Docker） 以及安·柯托伊斯（Ann Curthoys）对雅各布·布克哈特和其他19世纪历史编纂学传统之间的关系进行了考察，但是他们没有在文化史学同其他历史流派的关系方面追寻其历史命运。[6] 彼得·伯克当然相当详细地用几卷书思考了文化史实践的早期例证。[7] 但是纵观这些丰富的反思性研究，伯克并不怎么关注早期历史学家将他们的认识论方法理论化的方式，而主要在他们的总的社会背景中去定位他们，考察他们的实际的方法论工具和他们的主题选择，将他们视为当今的模板来评价其有用性（或者局限性）。相反，本文试图勾勒一个更加具体的系谱的研究的框架，不是文化历史撰述本身的研究，而是文化历史学认识论的研究，在它同近期关于历史、理论、真相和跨学科的关注的关系中加以考察。我希望表明，正是旧文化史的这一方面，使我们得以融入当前将诠释学的和跨学科的历史学认

---

[5]　D. R. Kelley, *Fortunes of History: Historical Inquiry from Herder to Huizinga*, New Haven, 2003.

[6]　A. Curthoys and J. Docker, *Is History Fiction?*, Sydney, 2006, pp. 69-76.

[7]　P. Burke, *Varieties of Cultural History*, Oxford, 1997; Peter Burke, *What is Cultural History?*, Oxford, 2004.

识论理论化的种种企图之中，并极大地从中受益。

这种独特的焦点并没有成为对文化史本身的历史研究的广泛特色，部分原因或许是这样的研究通常是由文化史学家自己书写的，他们如果不是被夸张的热情所压倒，就是倾向于更加关注实践史、观念趋势以及方法论问题，而非思想系谱和前辈历史学家的认识论阐述的简明内容。但是，甚至更为普遍的是，人们通常把文化史学家们的论断视为 1980 年前后发明出来一种全新的方法。马克·波斯特（Mark Poster）1997 年评论说：一种"新的流派在历史学家中产生了，它叫做'文化史'"，并且他认为这种文化史极大地动摇了分别与思想史和社会史相对应的上层和下层文化的历史相互对立的立场。[8] 更加能够理解的是，也经常看到和特殊的民族背景相关联的新文化史阐述。例如，理查德·别尔纳茨基（Richard Biernacki）将文化史在澳大利亚的出现描绘成，这个领域"在 20 世纪 80 年代作为对现有的社会史、经济史和人口史的新批判者的姿态而形成的"[9]。若只就文化史在澳大利亚史学实践中找到自己位置的一种方式而言，这种说法也许没错。然而，它确实暗示，在一国范围内，史学趋势孤立于国际影响而兴起——我们每个国家都以平行方式为自己重新发明史学创新，而不用管别处的例子。

唐纳德·凯利的工作更加关注史学遗忘与再发现的问题，并且委婉地批判了那些忽视过去的例证的创新观点。[10] 现在也许学者

[8]　M. Poster, *Cultural History and Postmodernity: Disciplinary Readings and Challenges*, New York, 1997, pp. 3-9.

[9]　R. Biernacki, "Method and Metaphor After the New Cultural History," in: H. -M. Teo and R. White (eds.), *Cultural History in Australia*, Sydney, 2003, p. 62.

[10]　Kelley, *Fortunes of History*, p. 304.

们尤其有犯这类学术错误的危险。书籍计划、任职和晋升委员会和竞争性的奖励申请，所有这些现代学术生活的材料要求我们积极声称取得了特别的创新。在横跨几个学科的工作中，关于每个学科的历史很难达到博学的水平，从而无法知道什么是真正方法论上的创新，而什么不是。随着知识生产扩展，我们可以利用的更多，我们可能思考或潦草写下那些事实上已经被前人叙说、思考和记录过了的众多可能的事物，这就为各种人文学科的研究者提供了犯下滑稽可笑的错误的更大可能性。向别人指出他们令人兴奋的"新"思想根本不那么新颖，一个人永远不可能因此而变得受欢迎。幸运的是，这并非本文的目的。[11]整理这些文化史家关于发明了一种新方法的臆断的例子的意图，不是通过嘲笑近来声称具有独创性的观点而赢得支持，而是仅仅表明，广泛去除文化史的自身历史的一个重要方面，在当代史学实践和理论化中起到多么深远的影响。

对旧文化史（它在自己的时代反而被称为"新史学"）的遗忘[12]，除了坚持声称近期的文化史是"新的"以外，还对理解当代史学趋势产生了一系列不幸后果。从 20 世纪 90 年代起就受到从事实践的支持者欢呼和历史编纂学家非难的后现代主义的真实性问题，建立在否定 20 世纪初德国思想中（更别提自柏拉图以来的哲学史上）的一些重要的先前论争的基础之上。[13]同跨学科和后结构主义联系在一起的新文化史的普遍观点往往忽略史学思

---

[11]　此处，我要感谢彼得·诺维克（Peter Novick）的关心。参看：Peter Novick, *That Noble Dream; The 'Objectivity Question' and the American Historical Profession*, Cambridge, 1988.

[12]　参看：E. W. Dow, "Features of the New History: A Propos of Lamprecht's 'Deutsche Geschichte'," in: *The American Historical Review*, 3（1898）, pp. 431-448.

[13]　J. M. Devaney, '*Since At Least Plato...*': *And Other Postmodernist Myths*, Basingstoke, 1997.

想家本身在从19世纪末到20世纪中叶的大陆思想史中所起到的作用。在19世纪末和20世纪初，文化史编纂实践是欧洲人文学科研究的一个重要领域，并且当时即已在方法论上进行了详细阐述。在19世纪的欧洲大陆，历史学家往往深入研读当时激烈进行的重大的哲学辩论，认为历史实践不可避免地必然要知晓这些。在文化史起源的近期研究中切除旧文化史家是影响重大的，因为这些历史学家是关于文化史学实践认识论及其在跨学科的（博学的）人文研究中的地位的丰富理论的一部分。当代文化史学家和历史编纂学家由于将文化史错误地描述为建立在后现代的真理方法的基础上，从而误解了和诠释学的历史认识论有关的形而上学的实在这个重要问题，我们本来可以通过更全面地理解文化史过去的理论而避免这种误解。

作为后结构主义或者后现代主义断裂的文化史

正如文化史学家斯蒂芬·加顿（Stephen Garton）所指出的，仍然有一种常见的观点认为文化史同社会史有关，正如后结构主义和结构主义的关系一样。[14]事实上，一个甚至更加不正确的术语"后现代"也经常被一些备受推崇的史学家，比如格奥尔格·伊格尔斯（Georg Iggers）、诺曼·威尔逊（Norman Wilson）、约翰·托

---

[14] S. Garton, "*On the Defensive: Poststructuralism and Australian Cultural History*"; Teo and White, *Cultural History in Australia*, pp. 52-66.

什（John Tosh），应用在文化史实践中。[15] 在一系列以文化史学为主题的文章中，有人断言文化史是研究历史的方法论上的创新，是新的"文化转向"或者"语言学转向"，是丧失对历史主义、真相和学术诚信的承诺的标志。专业史学史家的这种阐述通常将这一"新"领域归因于历史学和文化人类学研究的会合，提及最近的法国年鉴学派、女性主义理论、后殖民主义研究和法国后结构主义都是重要的影响因素，所有这些因素都出现于第二次世界大战结束之后。在性别历史学家琼·斯科特与林恩·亨特的研究中，声称文化史是"后现代"实践，是通向过去的一条新路径，在优待文本的自我意识方面，彻底推翻了经验主义的对历史真实性超越文本而存在的假设。[16] 马克·波斯特在 1997 年的《文化史与后现代主义》一书中自始至终这样断言。[17] 这种对聚焦于文本的历史学方法的错误描述也反映在自诩为后现代历史学家的基斯·詹金斯（Keith Jenkins）的著作中，他同样认为德里达在《写作学》中的声明"文本之外别无它物"（il n'y pas de hors-de-texte）是一种对明显过时的资产阶级现代主义信仰——真实存在于我们所构建出的之外——新的极端形而上的拒斥。[18] 类似地，格

---

[15]　G. Iggers, *Historiography in the Twentieth Century: From Scientific Objectivity to the Postmodern Challenge*, Middletown CT, 1997, p. 133; N. Wilson, *History in Crisis?: Recent Directions in Historiography*, second edition, Upper Saddle River NJ, 2005, pp. 90-91; J. Tosh with S. Lang, *The Pursuit of History*, Fourth Edition, Harlow, 2006, p. 304.

[16]　J. Scott, *Gender and the Politics of History,* New York, 1988, pp. 1-11; V. Bonnell and L. Hunt (eds), *Beyond the Cultural Turn; New Directions in the Study of Society and Culture*, Berkeley, 1999, pp. 2-4; Also: L. Hunt （ed）, *The New Cultural History*, Berkeley, 1989.

[17]　Poster, *Cultural History and Postmodernity*, New York , 1997.

[18]　K. Jenkins, "No Going Back: A Case for Postmodern History," in: *Teaching History*, 84 （1996）, p. 37; See also K. Jenkins, S. Morgan and A. Munslow （eds）, *Manifestos for History,* London, 2007; J. Derrida, *De la Grammatologie*, Paris: Editions de Minuit , 1967, p. 159.

奥尔格·伊格尔斯、诺曼·威尔逊与约翰·托什等历史学家也宣称"后现代"一词能够解释文化史认识论的出现和特征。[19]伊格尔斯在《二十世纪的历史学——从科学的客观性到后现代的挑战》一书中认为，新文化史的出现与批判理论侵入历史学有着密切关系。德里达一再被这样的阐述所误解，以至于被表现为对赋予理想主义形而上学的主张——"文本之外别无他物"以灵感起到最直接作用的思想家，这为假定为各种形式的文化史方法论打下了基础。[20]但是，德里达的"在文本之外"没有什么的观点，从来没有打算成为对历史实在论的形而上学的挑战——这根本不是德里达的目标之一。[21]这些是与德里达的认识论观点无关的术语。尽管如此，这句被过度解读的表述，被固定设想为"新"文化史对文本与语言的强调如何反映形而上学的后现代主义的例证，不承认任何超出历史文本与我们对历史文本的阐述的真实。[22]类似的误解也在美国历史学界对精英历史地位的争论上得到鲜明的体现。正如彼得·诺维克所指出的，作为哲学相对主义者的精英历史学家的普遍看法通常形成诺维克所称为对历史真实负责的客观史学

---

[19] Iggers, *Historiography in the Twentieth Century*, p. 133; Wilson, *History in Crisis?*, pp.90-91; Tosh and Lang, *The Pursuit of History*, p. 304.

[20] Iggers, *Historiography in the Twentieth Century*, p. 132.

[21] 这一点已经被一些学者注意，他们认为如果一个无意义的、反现实主义成为德里达的内在之意，那么一种极端相异的法语表述方法就应该被使用。参见：M. Deutscher, "Text and Reality," Work In Progress Paper, www.sydneyphilosophyforum.org/PHILOSOPHY/.../HTM/notes.pdf.pdf, pp. 1-2 (viewed October 3rd2009)；另可参看：L. D. Kritzman, B. J. Reilly, M. DeBevoise, *The Columbia History of Twentieth-Century Thought*, New York, 2007, p. 500; Also: Clarke, *History, Theory and Text*, p. 135.

[22] 马克·波斯特也注意到了这种固化，参看：Poster, *Cultural History and Postmodernity*, p. 41; 德里达的误译也被引用在 Tosh and Lang, *The Pursuit of History*, p. 296; Iggers, *Historiography in the Twentieth*, p. 9; 还有 K. Jenkins, "No Going Back: A Case for Postmodern History," *Teaching History* 84 (1996), p. 37. 将德里达转译为反现实主义在他的信息不完全的拥护者与反对者中得到了更加广泛的传播。

和假定放弃了历史主义承诺的聚焦于文本的方法之间的"误导的有害的差异"的观点的中枢。[23]

文化史学认识论

非常重要的是，必须承认，关于真实、诠释和跨学科性这些常常被视作历史学的新变体的理论问题，事实上是贯穿欧洲思想传统历史的长期争论的要素，而且文化史学家也一直是其中的一个部分。在这些争论中被称为"后现代"甚或"后结构主义"的，可能最好以其他更能反映对那些认识论运动至关重要的历史进程的术语来理解。琼·斯科特将括出来的假想的范畴（即性别）的建构主义实践视作后结构主义的革新，尽管是在关注劳工的"社会史"框架中，而非"文化史"的框架中。[24]这种关注——连同语言学术语的被建构的性质，以及文化研究者随之而来的对其不再信任的需求——部分起源于胡塞尔在自己 20 世纪 30 年代的超自然的现象学著作中认为的"悬置"（*epoché*）的详细论述，通过梅洛－庞蒂（Merleau-Ponty）、福柯（Foucault）和德里达等人的著作中欧陆理论的发展而发散，最终通过斯科特对法国后结构主义的着迷成为她所吸收的后结构主义的形式。[25]

但是，当今史学中的文化或者语言学"转向"的很多方面却远非新颖的、"后现代的"甚或后结构主义的，即使它们经常被

---

[23] Novick, *That Noble Dream*, p. 6.

[24] J. Scott, *Gender and Politics of History*, New York, 1988, pp. 1-10.

[25] 参看: I. Hunter, "The History of Theory," in: *Critical Inquiry* 33 (2006), pp. 78-122.

视作如此。更加广泛的将观念的和语言的结构理解为有限的或居间的关于世界的知识的认识论关注，事实上是典型的 19 世纪思维模式。对历史学主体的审问以及对自以为能够认识过去"事实"的批评，同样也是 19 世纪末 20 世纪初历史哲学家的关注核心。康德 1781 年的《纯粹理性批判》一书中所详细解释的先验逻辑概念明确指出了现象与认知之间的差异，强调人类感知在超越事物表象层面的不可知性，并开启了对认识论思考的新线索。[26]一般而言，这是康德与博学的思想者——如狄尔泰、晚些的伽达默尔与卡西尔，或者更远，与早期的文化史家卡尔·兰普莱希特、约翰·赫伊津哈以及恩斯特·贡布里希（Ernst Gombrich）——之间继承关系的证明。但是，19 世纪后期欧洲很多新康德主义者的主流方法却是作为道德哲学家来考察康德，而专业史学家对康德的吸收更多的时候往往同复兴兰克史学联系在一起，即持历史学是关于事实的科学的观点。在法国，通过实证主义融入孔德的模式，后来又同涂尔干（Emile Durkheim）的实证主义社会学理论相结合，相似的立场得以出现。在这一时期，争论的焦点集中在什么形成了历史知识以及什么是文化与社会研究的恰当的认识论结构上。概括而言，一方面，各种忠实于历史是一门科学、将诠释诋毁为浪漫主义的、坚持事实的神圣性、将历史研究视野局限于政治与法律的流派之间产生了分歧；另一方面，随着学科工具和主题关注的范围扩张，出现了阐述集实在论、历史主义、非实证主义、文本中心论为一身的认识论的一系列怀疑的、批判的企图。

关于历史知识需要什么、存在什么样的历史真实以及历史学

---

[26]　I. Kant, *Critique of Pure Reason*, trans. J. M. D. Meiklejohn , London, 1905, pp. 45-50.

与其他知识形式之间的关系等问题的理论化，对于很多欧洲思想家，尤其是整个 19 世纪的德国思想家来说，是普遍迫切且核心关注的问题。康德与黑格尔都针对历史知识的意义这一问题提出了自己的著名见解，很多研究工作跨越历史、哲学、科学以及 19 世纪下半叶正在兴起的社会和心理科学的学者都试图遵循康德—黑格尔分歧的规则来理解历史事实和认识这一问题。实际上，这两位启蒙哲学的标志性的人物始终隐约影响着从兰克到布克哈特再到兰普莱希特的历史学家们，更不用说从马克思、孔德、狄尔泰、韦伯到涂尔干形形色色具有历史思维的思想家们。[27] 历史主义的问题打破了黑格尔和康德之间的分歧，因为二人都一再被引用为历史主义发展的起源。兰克确定，看待过去要根据过去本身，而非通过现在的希望与理想，康德则被用来明确说明基于承认存在与知识之间存在着差异的历史主义。黑格尔为历史主义思想的形式提供了灵感，比如，布克哈特声称探明了文艺复兴独特的时代精神，兰普莱希特关于连续时代的概念表述。这些都使得过去与我们自身的现实迥然不同，而是一个基于自身的整体，尽管在一个完整的时代周期中不可避免地要同其他的时间、空间相匹配。[28]

布克哈特和兰普莱希特模式中的文化史思想以及他们所相关的哲学思想，都脱胎于同黑格尔派与康德派的历史性形式的关联，以及相互竞争的对文本与（被视为创造的）阐释的强调。狄尔泰则重新诠释了弗里德里希·施莱尔马赫（Friederich

---

[27]　参看：D. Boucher, *Texts in Context: Revisionist Methods for Studying Ideas* (Dordrecht, 1985), pp. 14-16.

[28]　E. Cassirer, *The Problem of Knowledge: Philosophy, Science, and History Since Hegel*, trans W. H. Woglom and C. W. Hendel, New Haven, 1950, p. 286.

Schleiermacher），并且详细阐释了人文学科诠释学理论。[29] 狄尔泰在阐释历史诠释学的过程中重新审视了布克哈特的著作。[30] 兰普莱希特受到狄尔泰对康德的解读以及强调"心理学乃是人文科学一部分"的极大影响。与之相反的是，更为普遍的 19 世纪晚期在法国与德国知识分子群体中蔓延的新康德主义，倾向于以标准化的自然科学为基础，更狭义地定义人文科学。[31] 20 世纪初期，欧洲大学的历史院系为这种新康德主义所支配，表现为融入经验主义的兰克观点（尤其在德国）的实证主义的孔德观点（尤其在法国），这两种观点都产生了历史学是一门精确的科学的定义。[32] 文化史家比如兰普莱希特特别反对关于康德和历史的那种观点，而支持人文学者风格的作为理解（verstehen）的历史知识观念，同时倾向于将康德看作一个认识论的而非形而上学的哲学家。[33] 这些争论——反过来在哲学家伽达默尔的著作中受到挑战并复杂化——持续影响着 20 世纪初至中叶的欧洲文化史家们，尤其是1947—1953 年与伽达默尔一同在海德堡从事研究的莱因哈特·科泽勒克（Reinhart Koselleck）。[34]

早期文化史家与现代哲学诠释学的兴起之间的关系也许并非是单向的。伽达默尔在 1960 年的《真理与方法》一书中所阐明的游戏理论在很多方面同赫伊津哈 1938 年的著名作品《游戏的

[29]　W. Dilthey, *Selected Works III: The Formation of the Historical World in the Human Sciences*, ed R. A. Makkreel and F. Rodi , Princeton, 2002; and W. Dilthey, *Selected Works IV: Hermeneutics and the Study of History*, ed R. A. Makkreel and F. Rodi , Princeton, 2010.

[30]　Ibid, pp. 271-278.

[31]　参看：H. -G. Gadamer, *Truth and Method*, Second Edition, trans J. Weinsheimer and D. G. Marshall , London, 2004, pp. 216-217.

[32]　Cassirer, *The Problem of Knowledge*, p. 226.

[33]　R. Chickering, *Karl Lamprecht: A German Academic Life*（1856-1915）, Atlantic Highlands, 1993, p. 244.

[34]　R. Koselleck, *Historische Semantik und Begriffsgeschichte* , Stuttgart, 1979.

人：论文化中的游戏元素》（*Homo Ludens: On the Play Element of Culture*）一书有共通之处。[35] 这一著作，众所周知，是为文化与历史人类学领域提供灵感的最杰出的著作之一。克利福德·格尔茨（Clifford Geertz）无疑阅读了赫伊津哈的著作。[36] 正是格尔茨尤其因为文化人类学之于历史学家——比如罗杰·夏蒂埃（Roger Chartier）、彼得·伯克、罗伯特·达恩顿（Robert Darnton）、林恩·亨特以及不计其数的 20 世纪晚期的其他文化史的史学家们——的影响而经常被责难（或颂扬）。[37] 马克斯·韦伯与布克哈特的关联，正如莱因哈德·本迪克斯（Reinhard Bendix）讨论的那样，表明了旧文化史渗入社会学思想兴起的另外一种通道。[38] 尽管这些只是些飞快地勾勒的共性，它们为数众多且足够可靠，能够表明，早期文化史思想属于 20 世纪文化科学发展以及它们的诠释复杂化——19 世纪末展开的并一直持续的理论整合工程——的核心。

令人惊异的是，隐含在文化史学框架中的关于认识论途径以及方法论工具的讨论会成为整个 20 世纪文化史学家著作的一个特色。卡尔·兰普莱希特在这一问题上提出理论（1896），随后赫伊津哈（1929）以及稍晚的贡布里希（E.H. Gombrich，1969）、

---

[35]　J. Huizinga, *Homo Ludens: A Study of the Play Element in Culture*, London, 2000.

[36]　C. Geertz, *The Interpretation of Cultures; Selected Essays*, New York, 1973.

[37]　R. G. Waters, "Signs of the Times: Clifford Geertz and Historians," in: *Social Research,* 47（1980），pp. 537-556; L. Hunt, "Introduction: History, Culture, and Text," in: Hunt, *The New Cultural History*, pp. 12-13.

[38]　R. Bendix, *Embattled Reason: Essays on Social Knowledge*, vol 2, New Brunswick, 1989, pp. 185-194.

卡罗·金兹伯格（Carlo Ginzburg，1989）都参与到其中来。[39] 吕西安·费弗尔（Lucien Febvre）关于史学方法也有很多撰述，而且彼得·伯克发表了几部关于文化史实践与原则的著作，完全同这一自 19 世纪末一直延续的文化史学家的系谱一致，尽管他对这种延续性有所怀疑。

正如罗杰·奇克林（Roger Chickering）所指出的，文化史家们发展出复杂的获得知识的方法的理论阐述，在 19 世纪的德国并非具有普遍性。[40] 如果不是因为那些 19 世纪末作为兰克史学复兴与民族主义兴起的后果而出现的激烈的学术争论，这种理论上的冷漠很可能继续成为规则。19 世纪末 20 世纪初欧洲学界内部关于专业化史学的新诉求的争论气氛中，单单是文化史家被要求考虑他们的跨学科交叉方法所造成的方法、途径与客体之间的矛盾，以及他们异于民族主义议程的倾向。他们所尝试的跨学科道路并非没有问题。瓦尔堡和兰普莱希特从布克哈特那里继承了类黑格尔式的由融入了文化的所有方面的时代精神来界定的历史时代观，这种观点极难与新的科学历史学方法论期望相调和。但是，当他们都倾向于以特别单一的术语来考虑文化时，他们并没能如黑格尔所设想的那样，目的论地假想它处于人类向更高的理性进发的过程中。与其说他们自己的研究必然会为当前的代表性文化史研究作出典范，毋宁说他们为文化史所要求的阐释促进了有影响力的哲学思想家的复杂的关联形式，并产生了后来的文化

---

[39]　K. Lamprecht, "Was ist Kulturgeschichte? Beitrag zu einer empirischen Historik," in: *Deutsche Zeitschrift für Geschichtswissenschaft*, 1（1896）, pp. 75-150; J. Huizinga, *Cultuurhistorische verkenningen*, Haarlem, 1929; E. H. Gombrich, *In Search of Cultural History*, Oxford, 1969; C. Ginzburg, *Clues, Myths and the Historical Method*, Baltimore, 1989.

[40]　*Chickering, Karl Lamprecht*, p. 90.

史家的多种形式的再评估。

这里所作的阐述并非意欲削弱或者质疑后二战时期的学术潮流——比如文化人类学与法国后结构主义理论——对最近文化史再出现的重要性。相反，上面的说明的确暗示我们需要重新思考旧文化史与新文化史之间、文化史与依据更为严谨谱系的理论的兴起之间的关系。文化史家率先刺激了欧洲批判理论对历史认识论的反应，反之不可。相当有趣的是，兰普莱希特、布克哈特以及瓦尔堡的著作均得到狄尔泰、卡西尔以及阿甘本等人批判性的沿袭，甚至包括所有19世纪末到20世纪中期的每一个相继的世代中的欧洲大陆哲学与理论系谱中的重要哲学家。[41] 同这种看法——文化史由布克哈特首创，但随后作为一种知识的可能却被遗忘，直到20世纪80年代一场根本性的后结构主义的再发现——相反，这里要表明的是，文化史自从19世纪的自觉出现开始，就从未中断，并且尽管它缺乏制度上的保障，也曾偏离中心围绕方法论的革新而徘徊，但是它多重系谱的触角始终卷入并贯穿20世纪欧洲最为重要的认识论运动。

对于那些跨越了20世纪早期欧洲大陆的文化和历史哲学家们而言，布克哈特是一个既能够激发灵感，又具有批判性的标杆。布克哈特的后继者兰普莱希特常被与一战前的早期法国年鉴学派史家马克·布洛赫以及吕西安·费弗尔联系在一起，同时影响了金兹伯格与意大利"微观史学"传统，并借由金兹伯格的访美，对美国战后文化史研究产生了重大影响。金兹伯格对瓦尔堡

---

[41] 狄尔泰对布克哈特的影响参看：Dilthey, *Selected Works IV: Hermeneutics and the Study of History*, pp. 271-278; 卡西尔对兰普莱希特与布克哈特的影响参看：Cassirer, *The Problem of Knowledge*, pp. 242-289; 阿甘本对兰普雷克特与沃伯格的影响参看：G. Agamben, "Aby Warburg e la scienza senza nome," in: *La potenza del pensiero: Saggi e conferenze*, Vicenz: Neri Pozza, 2005, pp. 123-146.

与贡布里希的方法论都有所撰述。[42] 金兹伯格的著作反过来又影响了新文学历史主义传统，比如斯蒂芬·格林布拉特（Stephen Greenblatt），以及同样论述瓦尔堡的吉奥乔·阿甘本。[43] 而伽达默尔的巨大影响及于莱因哈特·科泽勒克，甚至是整个德国"观念史"传统。[44] 卡尔·兰普莱希特的著作同样也是恩斯特·卡西尔的认识论撰述中的特色。[45] 卡西尔写于20世纪30年代的对布克哈特传统的分析表明，对文化背景中的文本的重视是如何能够提出一些引人注目的问题的，这些问题包括史料在创造历史学家对过去的观点中所扮演的角色，以及将文本视为调解我们对于过去的知识而非反映过去的必要性。卡西尔重视兰克与克罗齐的学术地位，远远超出任何一位他所研究过的文化史家，但是他的这些认识论反思仍然来源于布克哈特与兰普雷克特的方法考量。[46]

从这一点出发，那种基于文化史的结构主义乃是后现代的声明，或者基于它对历史客观性的挑战，就认为文化史是新出现的观点，似乎显示出令人迷惑的记忆缺失，或者暗示对早期知识革新的一些特别否认发生在20世纪末的历史研究的发展中。早期文化史家的的确确认为在形而上学与认识论看法之间存在差异。赫伊津哈与贡布里希都对这一问题进行过论述。[47] 因此，史学家是

---

[42] C. Ginzburg, "Da Aby Warburg a Ernst Gombrich: Note su un problema di metodo," in: *Studi medievali*, 7 (1996), pp. 1015-1065.

[43] Agamben, "Aby Warburg e la scienza senza nome."

[44] 参看：J. Zammito, "Koselleck's Concept of Historical Time (s) and the Practice of History," in: *History and Theory*, 43 (2004), pp. 124-135.

[45] Ernst Cassirer, "History," in: *Man and Culture, Hamburger Ausgabe, Gesammelte Werke*, 23, Hamburg, 2006, pp. 215-217.

[46] Cassirer, *The Problem of Knowledge*, pp. 242-289.

[47] Gombrich, *In Search of Cultural History*; J. Huizinga, *Cultuurhistorische verkenningen*, Haarlem, H. D. Tjeenk Willink en Zoon, 1929.

如何将后结构主义即后现代的误读与文化史认为"文本之外别无他物"的假想融合为一的呢?

不可否认,同时导致史家对后结构主义积极的和消极的误读的健忘式的夸张以及偏执的危言耸听,在其他更为近期的文化史家的撰述以及 2006 年以来出版的历史学研究书籍中已不那么常见。但是,如果任何这种德里达式观点(因而是后现代的)的支持者曾经改变过他们的观点,然而笔者所能找到的所有出版物中都没有记录。再者,称呼近期发展趋势为"新文化史"并不是意指它只是刚刚才被创造出来的,而是说新近的文化史形式与较早的形式之间是如此的不同,以至于需要明确指明这种差异,这种看法也许是正确的。若果真如此,那么判定何为旧式、何为新式的准则却没能够得到清晰的阐释。对新旧文化史相割裂的、完全不相似和不具继承性的主张却应该加以怀疑,因为我们有足够理由考虑到,可以展示一条连续的系谱,正如本文所勾勒的。甚至在旧文化史得到妥当对待的历史学研究中(比如在唐纳德·凯利的著作中),它们与新文化史之间确实存在的历史性联系却也没有获得仔细审视。因此,对于文化史认识论的谱系的部分研究应该深入地考虑导致文化史的连续性被忽视的失败、断裂以及否定的各种因素。

伊安·亨特(Ian Hunter)评论 20 世纪 60 年代以来英美学界中理论的崛起时称:"这意味着为了替理论家准备完全不同的事物的突然闯入,将已经成型的知识暂时搁置起来的学术表现。"[48]在 20 世纪 80 年代斯科特、亨特,特别是詹金斯著作中开始出

---

[48] I. Hunter, "The History of Theory," in: *Critical Inquiry* 33, (2006), p. 95.

现的这种对后现代和后结构主义的自觉要求中，的确存在这类因素。但在历史学的讨论中，对近来文化史学研究途径潮流的批判依旧断言："新文化史"突然闯入其他类型的历史研究，并忽视了旧文化史及其连续的影响。这种割裂随后提供了两种分立的、事实上相抵消的目的。一方面，它使得自觉的文化史家对于20世纪末历史研究中的"革命"的热情成为可能；另一方面，它避免了与文化史事实的早期概念的对抗，而这种事实可能使历史编纂学家关于最近的文本研究方法对历史学科基础的突然威胁的简单断言复杂化了。

最近一些历史学研究书籍已经剔除了目的论习俗，这种习俗曾一度在这样的指导方式下占统治地位：每一个章节都服务于宏大的史学运动或者特定课题的研究，遵循粗略的年代顺序，这种顺序暗示旧的保守的史学范式为精细且复杂的新形式所取代（直到所有事物都在后现代主义的冲击下搞砸）。主题现在通常取代了学派或运动前后相继的街区式排列的历史编纂学叙述，更为广泛的结构正呈现在我们眼前。[49]这一在风格上的形式和叙述的转向是令人欣喜的，尽管它带来了一个不幸的结果——将我们远远带离了关于思想系谱当中文化史认识论时间上精确的出现的准确论述。由于对其在20世纪思想界的影响和意义的低估，放弃按年代顺序排列事实上有利于将其视为20世纪80年代以来历史编纂学中"新的"革命的目的论观点。文化史在叙述历史学自身的历史时依旧不那么具有历史性。"新"文化史仍旧极为常见地归结

---

[49]　A. Green and K. Troup, *The Houses of History: A Critical Reader in Twentieth-Century History and Theory*, New York, 1999; J. Tosh (ed), *Historians on History*, Harlow, 2000.

于其他学科的影响以及晚期法国年鉴学派。[50]年鉴学派在文化史的任何思想系谱中肯定占据地位，但是这种潮流的历史作用必须被重新考虑。文化史早于年鉴学派，并且事实上早期的德国传统也许对年鉴学派自身的认识论发展产生过比通常认为的重要得多的影响，这一点在本文的下一部分将继续进行论述。

学科裂断

当文化史起源的研究倾向于认可雅各布·布克哈特的基础性工作时，随后出现了一种倾向，忽视随后传承、衔接、重构以及反对布克哈特的著作的文化史实践和理论的悠久传统。布克哈特经常被引用为新文化史如何同旧文化史没有关系的例证。泰奥（Teo）和理查德·怀特（Richard White）在他们的文集《文化史》（*Cultural History*）中认为，被定义为高雅艺术创作的布克哈特的文化史研究方法，是"和西方文明的欧洲中心观紧密联系的"，因而是过度精英主义的和过度目的论的，对激励今天的文化史研究没有用处。[51]彼得·伯克在他 1997 年的《文化史的多样性》（*Varieties of Cultural History*）一书中作出了相似的评价，驳斥了布克哈特进步驱动式的叙述，即将"文艺复兴"视作文明的顶点，从中建立了艺术、哲学和文学在持续的欧洲进步的前后相继过程中的进一步发展。[52]类似地，安娜·格林（Anna Green）在

---

[50] 例见：Iggers, *Historiography in the Twentieth Century*, pp. 134-140; and Hunt, *The New Cultural History*.

[51] H-M. Teo and R. White, *Cultural History in Australia*, p. 4.

[52] P. Burke, *Varieties of Cultural History*, Oxford, 1997, p. 4.

她 2008 年的题目简明的《文化史》(*Cultural History*) 一书中，也将彼得·伯克视为关于布克哈特传统无用的观点的权威，她提及毫无吸引力的布克哈特幽灵，仅仅是为了驳斥后者的研究是毫无希望的目的论。[53]某种程度上，这些批驳的观点，也许被当下研究中世纪和文艺复兴的历史学家对 19 世纪学术更普遍的贬斥所吸收。毕竟，有什么比作一个"布克哈特主义者"更糟糕呢？[54]但另一方面，在关于旧文化史不相关的明显共识中也有一些重要的东西。在认同形成的创造神话的实践中，有一种现象典型地重复出现。新文化史学家可能具有某种特定于 20 世纪晚期的全球学术文化的背景中的一种特殊的知识分子人格，也受到了后殖民主义批判、后结构主义理论以及反精英的政治价值观的影响。这使得他们会鄙视早期文化史学家们的研究方法，后者的成果通常以精英主义、欧洲中心主义和目的论的假说而闻名（虽然经常是不当的，正如我下文会说明的那样）。

在此，可能要反对的是，最近的学者对布克哈特及其后继者所展示的文化史的否定是合理的。因为自从第二次世界大战结束以来，历史编纂学的中心议项之一就是重申在过去著名的权势人物（政治史）、学者的出版的作品（思想史）或者高雅文化（旧文化史）的叙述中被忽略的一些声音。近期的文化史实践已经毫无疑问富有创造性地同通俗文化、不同的社会经济阶层的体验以及广泛的超越欧洲语境范围的文化联系了起来，而布克哈特、兰普莱希特、瓦尔堡和赫伊津哈都强烈关注西欧大陆的艺术实践和学术文化，我们可能称这些领域为"高雅文化"（尽管指出早期

---

[53]   A. Green, *Cultural History*, Basingstoke, 2008, pp. 16-18.

[54]   笔者在此对麦格理大学贝克博士对现代早期历史学家总体态度进行了观察。

文化史学家并没有如此区分是非常重要的）。但是，假设他们的研究方法注定视野狭窄，是不够坦诚的。赫伊津哈在转向研究现代早期欧洲文化史以前，致力于研究梵语语言与文学。瓦尔堡通过研究美国土著文化的人类学田野工作发展出了他的象征图像学研究方法。布克哈特和兰普莱希特除了在最被人熟知的艺术和学术文化领域取得的成果外，他们还研究流行文化、物质文化和公共仪式的形式。

审视布克哈特在 1860 年关于意大利文艺复兴文化的研究，人们就会思索，那些把他定义为"愚笨的 19 世纪"（le stupide dix-neuvième siècle）悲哀的精英主义者和进步驱动受害者的人，是否认真关注了布克哈特自己关于文化是什么的阐述。[55]他的研究所考察的主题非常广泛，比如国家意识形态、文物古迹的利用、殖民扩张、节日、阶层区分、风俗和时尚、语言、社交礼仪、两性关系和家庭生活。[56]一种关于布克哈特更真实的解读可以在海登·怀特关于他的叙述中找到，也许这是因为怀特偏好发现那些落于科学要求标准外的历史编纂学的叙述方式的价值。怀特指出，布克哈特从历史学家的角度"在最宽泛的意义上"来定义文化，"也就是说，比如举止、社会习俗、法律、宗教、文学、戏剧、节日、庆典，等等"，而不仅仅是如伯克和其他人所认为的受过教育的在文明高峰处的精英们所构成的高雅文化。[57]当然真实

---

[55] 引自：L. Daudet, *Le stupide XIXe siècle: exposé des insanités meurtrières qui se sont abattues sur la France depuis cent trente ans, 1789-1919*, Paris, 1922. Daudet 的有些态度还在 20 世纪智慧的优越性假说中延续。

[56] Burckhardt, *Die Kultur der Renaissance in Italien*.

[57] H. White, *Metahistory: The Historical Imagination in Nineteenth-Century Europe*, Baltimore, 1973, p. 245.

的是，在社会和政治处于剧烈动荡的时代写作的布克哈特，基本上对大众来挽救社会没有信心，而寄希望于受教育的精英来保护欧洲文明的传承。[58] 这是一种在 19 世纪中期各种自由主义政治思想者中相当普遍的观点。布克哈特注意到，群众性运动和扩大选举权，带来了结合了共和思想的非常保守的政体，正如路易·拿破仑 1850 年在法国所做的。但是强调他的精英主义对于布克哈特的世界观的视野来说是不公正的，因为他不是希望某一个精英来领导欧洲社会，而是一个受教育的精英群体。[59]

认为布克哈特对文化发展持简单的进步驱动观也是不准确的。像所有同时代的欧洲思想家一样，布克哈特多少会认为"文明的"、"野蛮的"、"原始的"这样的范畴是理所当然的。但那并不意味着他把全部历史想象成朝向进步的线性发展；恰恰相反，他认为文艺复兴是介于此前中世纪宗教的专制和 18 世纪民族国家更加无望的专制之间的一次异常，这种观点表明了其对技术发展的非常矛盾的看法。他所描绘的理想主义的文艺复兴观，并不依赖于精英主义的价值观，相反，是基于他相信，在印刷术发明和教堂的至高权力丧失之后的现代早期，统治的中央集权的国家体系、工业化和殖民征服尚未发展起来，各种形式的平等主义的知识生产和社会关系是唯一可能的。正如怀特评价布克哈特的概念："文艺复兴只是两次专制时期的间歇期中文化运动的'自由表演'。"[60]

那么，那些基于泰奥、怀特、格林和伯克的论述，否认布克

---

[58]　那些观点在布克哈特的 *Judgements on History and Historians*（Abingdon, 2007）中可以找到。

[59]　参看：H. Trevor-Roper, "Introduction," in: Burckhardt, *Judgements on History and Historians*, pp. xx-xxi.

[60]　H.White, *Metahistory*, p. 247.

哈特在文化史认识论方面所作的论述，是应该被怀疑的。确实，在近些年的艺术史学术研究中，有人呼吁重新解读旧文化史学家。[61] 但是，更为重要的，在轻视布克哈特在文化史当中地位的阐述中，同样被忽略的是，在贯穿19世纪末20世纪初的德国历史编纂学中，都有对他创立的文艺复兴研究传统的充分地重新考量。再者，比起人们通常所理解的那个传统，经由狄尔泰、伽达默尔、卡西尔和阿甘本，对于诠释学的欧陆哲学的发展，对于与欧陆理论、文化研究和文化人类学相关的人文和社会科学方法的发展，都有更好的渗透或影响。

布克哈特的后继者有力地继续阐述他的方法，并批判其中的失败之处。德国的这样一群历史学家聚集在与众不同的阿比·瓦尔堡周围。在世纪之交，瓦尔堡到了美国，并从事关于美国土著文化的民族志研究，尤其是对西南地区的霍皮族印第安人的研究，发展了独具个人风格的"图像学"，这是一个在某种人类学语境中解读图像和符号的体系。[62] 瓦尔堡是卡尔·兰普莱希特的学生，后者又仔细研读了雅各布·布克哈特的著作，并称赞布克哈特通过对过去文化的整体描述激发了自己对此的迷恋。[63] 这一谱系到这一点就无可争辩地显现出，在整个19世纪末20世纪初，文化史研究在德国学术界有很强的传统。

兰普莱希特的研究成果代表着19世纪晚期日耳曼欧洲在围

---

[61]　S. Vidal, "Rethinking the Warburgian Tradition in the Twenty-First Century," in: *Journal of Art Historiography*, no. 1, December 2009, pp. 1-12.

[62]　A. Warburg, *The Renewal of Pagan Antiquity: Contributions to the Cultural History of the European Renaissance*, trans D. Britt, Los Angeles, 1999; A. Warburg, "A Lecture on Serpent Ritual," in: *Journal of the Warburg Institute*, 4（1939）, pp. 277-292.

[63]　Chickering, *Karl Lamprecht*, 53; K. Lamprecht, "Was ist Kulturgeschichte？", pp. 75-150.

绕关于历史学专业性的定义的学科之争中很有趣的结合点。这些论争指向了旧文化史不能保全它的学术成果的部分原因。兰普莱希特在他的时代是著名的撒克逊中世纪研究者，并于 19 世纪最后十年及 20 世纪最初十年在马尔堡大学和莱比锡大学先后执教。他受到了同时代人的很多攻击，因为他采用多学科方法来研究中世纪和现代早期。他事业的后期，1909 年，他在莱比锡建立了自己的文明史与世界史研究所（Institut für Kultur- und Universalgeschichte）。他雄心勃勃的命名为《德意志史》（*Deutsche Geschichte*）的巨著，涵盖了关于社会关系、自然地理、心理学和文学等广泛主题。[64] 在国内学界同人中关于他作品的争论，造成了德国历史编纂学意义深远的断裂，在这个断裂中，兰普莱希特所使用的广泛的文化研究方法为专业历史学家所深恶痛绝。在声名狼藉的 19 世纪最后十年激烈的方法论之争中，政治史学家，如格奥尔格·冯·贝娄（Georg von Below）、迪特里希·谢弗（Dietrich Schäfer）和弗里德里希·迈内克（Friederich Meinecke）都攻击兰普莱希特的创新主张，他的不合规矩的研究方法，以及他在研究过去文化时使用社会学和心理学分析模型。最令人疑惑的是，兰普莱希特提出了有某种心理的文化观，一种民族精神或者民族心理（*Volksseele or Völkerpsychologie*），一种集体心理，迈内克嘲笑这种观点的推测性的浪漫的基础，这是他在当时支配自己著作和处于德国历史编纂学中心的兰克式政治事件史学研究中所抵制的。[65]

在某种程度上，论争最好被理解为某种文化战争。正如查

---

[64]　K. Lamprecht, *Deutsche Geschichte*, Erste und zweite Auflage, Freiburg im Breisgau, 1905.

[65]　参看：Kelley, *Fortunes of History*, pp. 304-306.

理·麦克里兰（Charles McClelland）所说，主导俾斯麦时期学术文化的不仅仅有盛行的民族主义，也有作为学术完善标志的对专业化的看重。[66]兰普莱希特没有体现上述两点，尽管他通过研究德意志文明而赢得了巨大声誉，但他的研究假设，在民族构成的历史使命方面存在一些明显的有机要素，他的作品涵盖了大量的欧洲文化、几个不同时代和许多不同的学术工具。在一个民族主义和专业化的时代，他既是一个世界主义者，也是一个学识渊博的人。事实上，德国的学术文化在整个威廉二世时期，一直承受着不断增长的朝向民族主义的压力。在第一次世界大战时期，德国和法国的知识分子都遭受了来自于新闻界、政敌和同事的巨大压力，要表明明确的民族主义。这种压力是兰普莱希特，像法国的涂尔干一样，在保持和缓的文化爱国主义的同时所抵制的。

迈内克对兰普莱希特的批评主要针对以下这些问题：世界主义只是文化向民族主义进化的低级阶段，兰克史学风范所呈现的科学的历史概念代表学术成熟的高峰。[67]兰普莱希特漫不经心的神秘主义，对其他文化的迷恋，以及他多学科的借鉴都帮助迈内克看到，民族主义和科学的历史学分科之间如何可能存在联系。正如罗杰·奇克林所说："在迈内克眼中，民族意识的发展等同于德国历史编纂学的成熟。"[68]因此，当兰普莱希特作为访问学者在法国和美国受到热烈欢迎的时候，他在国内同行中直至1915年辞世都一直受到冷遇。在临近第一次世界大战的那几年，兰普莱希特宣传欧洲各国间需要更加世界主义的外交活动的观点。1914年，

---

[66] C. E. McClelland, *State, Society, and University in Germany 1700-1914*, Cambridge, 1980, pp. 315-316.

[67] F. Meinecke, *Cosmpolitanism and the National State*, trans R. B. Kimber, Princeton, 1970 (1908).

[68] Chickering, *Lamprecht*, p. 261.

他和同事们一起签署了"九三宣言"，这是一些德国最受尊敬的学者们宣称在战争中效忠祖国的宣言。事实上，他还是因为在对待民族忠诚问题上矛盾的情感羞辱的死去。[69]

兰普莱希特的学生和那些追求类似的博学的历史学研究方法的人，随后都倾向于离开德国而去佛罗伦萨，在那里有大量的研究材料。但是与众不同的阿比·沃伯格，作为威斯特伐利亚富有的犹太银行家的长子，比很多学者在经济上都要独立。他留在德国成立了一个在现代早期意大利研究方面有着丰富资源的图书馆，后来，在此基础上，他于 1921 年在汉堡建立了"瓦尔堡文化学图书馆"（Kulturwissenschaftliche Bibliotek Warburg）。他积累了同样令人印象深刻的知识库，撰写关于 18 世纪 80 年代的斯特拉斯堡大学的学者们的艺术史论文，在莱比锡参加兰普莱希特的文化史课程。他在档案收集方面的研究吸引了一批学者，他们既受雅各布·布克哈特模式的历史语境的文艺复兴艺术研究方法所启发，也被 20 世纪前 15 年维也纳学派发展的关于文艺复兴和中世纪艺术史学家们的分析方式所影响。[70]

在许多方面，瓦尔堡自己关于现代早期意大利文化的著作，是对布克哈特对文艺复兴欢庆式的溢美的极端修正，正如瓦尔堡关于现代早期意大利绘画的图像学研究所声称的那样，它们呈现出理性和激情之间的不断冲突。他将其归因于尼采哲学中日神和酒神的二元对立。[71] 文艺复兴对于瓦尔堡来说，是现代性的界定阶段，尽管不是黑格尔想象的胜利的现代性，也是一种 19 世纪

---

[69]　Kelley, *Fortunes of History*, p. 309.

[70]　E. H. Gombrich, *Aby Warburg: An Intellectual Biography*, Second Edition, Chicago, 1986.

[71]　然而，瓦尔堡和尼采的关系还是含糊不清的。M.A. Russell, *Between Tradition and Modernity: Aby Warburg and the Public Purposes of Art 1896-1918*, New York, 2007, p. 26.

末的反启蒙的文明观，认为文明在其基本要素的理性旅程中，一直摇摆于光明与晦暗之间。在此，人们可以看到常见的早期文化史的遗产和后来法兰克福学派社会理论关于文明的观点，后者吸收了尼采的希腊宇宙学和关于混乱与秩序的普遍辩证法。[72] 瓦尔堡晚年也接受了精神病学家路德维希·宾斯万格（Ludwig Binswanger）的治疗，米歇尔·福柯仔细研读过宾斯万格的著作。[73]

　　随着1929年瓦尔堡的辞世以及纳粹政权的登场，在汉堡的美国使馆工作人员的帮助下，图书馆的保管者于1933年将这座宏伟的文化学图书馆搬至英国，一同迁居的还有许多依赖于这些数量可观的素材进行研究工作的维也纳学派的艺术研究者。[74] 此后，奥地利艺术史学家恩斯特·贡布里希和瓦尔堡研究所就紧密联系在了一起，后来他于1959—1976年担任所长。1967年11月19日，贡布里希在牛津大学的演讲中明确说明了文化史关于布克哈特的先行所蕴含的意义。贡布里希将这份讲演录扩充成为一本小书，题名《文化史研究》（*In Search of Cultural History*），两年后由牛津大学出版。[75] 贡布里希在书中指出，文化史正是一种关于历史认识的"文化化"（culturization），近来观点将其归于后结构主义的影响。他解释道：这种方法是将通常根据专业的学科隔离的各种文本之间相互联系起来的一种方式。在贡布里希对某个历史时期的语言、文学、艺术品和哲学的研究的必要性的解释中，

---

[72]　W. Adorno and M. Horkheimer, *Dialectic of Enlightenment*, trans J. Cumming, New York, 1972 (1947), pp. 93-95.

[73]　M. Foucault, Ludwig Binswanger, *Dream and Existence*（*Studies in Existential Psychology and Psychiatry*）, trans J. Needleman, Atlantic Highlands: Humanities Press International, 1986.

[74]　Gombrich, *Aby Warburg: An Intellectual Biography*.

[75]　Gombrich, *In Search of Cultural History*.

他似乎成为跨学科观点的讴歌者，而这常被认为直到 20 世纪末新思潮的影响下才得以出现。但是在贡布里希的跨学科版本中，这种研究范式从未被称为跨学科的，而是"博学"，他将其同激励整个 19 和 20 世纪的无数欧洲文艺复兴学者的常见的欧陆人文教育方法联系起来。尽管历史的认识论文化化通常被视为新近的革新，但贡布里希却指出，这长久以来就已经是某种欧洲学术中一直采用的文化历史编纂方法的一个不可分割的组成部分，兰普莱希特、赫伊津哈和瓦尔堡已经为我们提供了例证。

瓦尔堡派史学家能够以这种方式看待历史，部分因为他们的方法得自于布克哈特与兰普莱希特：前者关于历史的概念的阐述早于专业化学科分类的出现，而后者则在学科隔离与专业化越来越大的压力下坚持进行多学科的认识。那时文化史并非如此地"跨学科"，而是更类似于"前学科"风格，并且它试图在学科界限日益严苛之时亦力保如此，正如方法论之争所指出的，这种做法使得它与新兴的欧洲史学制度相疏离。

其他文化史家在深入批判布克哈特、兰普莱希特的单一的文化观的同时，他们在很大程度上也同二人的著作相衔接。约翰·赫伊津哈，一位研究生涯从一战结束直到在纳粹监禁之下逝世于 1945 年的荷兰中世纪欧洲史学家，在 1929 年的《文化史认识》一书中专门辟出一章来解读关于布克哈特的文化史理论。[76]赫伊津哈的学术生涯始于比较语言学与语文学，其学术兴趣广泛及于各种不同文化，作为东方语言文化学者任教于格罗宁根大学与莱顿大学，随后则作为荷兰中世纪与早期现代史学者。他是一位

---

[76]　Huizinga, *Cultuurhistorische verkenningen.*

博学家，具有广博的文化知识，对语言学与历史学都有兴趣，能够以对历史文本的独特的语言内容的敏感度、通过精细解读的文学技巧来阐述文化史观。[77]这些思考所带来的另一个结果即是赫伊津哈的历史研究方法逆民族主义框架而行，并同各个文化在历史本身中所呈现的名称保持一致。[78]就近期文化史的观点来看，正如本文之前所讨论的那样，在文化史学方法中的语言敏感性以及精细的文本阅读的特点，常常被认为是 20 世纪最后 20 年法国后结构主义影响到英语世界人文研究界的产物。然而，赫伊津哈对这些技巧的运用却比后德里达式的"语言学转向"早了大约50 年。

赫伊津哈否定文艺复兴是一个清晰合理的时期，也批判统一的"时代精神"这一概念，但是他维护布克哈特，因为布克哈特将历史对象定义为"民族、社会群体、文化人物、意象、主题、象征、概念、思想与风格……"[79]他敬佩布克哈特的博学研究范式，鄙视在他的生活年代仍然在欧陆专业历史学家中占统治地位的将历史看作政治事件的狭隘观念。他欢迎历史写作中的社会学可能，评论道："感谢近年来认识理论的新潮流……历史学从来不能规范，也没有必要这样做。"[80]他特别贬损支配中欧与北欧历史学研究机构的兰克教条，认为这些机构误读了兰克"按它本来的样子"撰写历史的宣言，使之变为"对其预判，不可避免"的

---

[77]　精细的阅读与严格的文本检视是赫伊津哈特别重要的特征。Huizinga, *Herfsttij der midde-leeuwen: studie over levens - en gedachtenvormen der veertiende en vijftiende eeuw in Frankrijk en de Nederlanden*, Haarlem, 1957.

[78]　举例参看：J. Huinzinga, *Erasmus and the Age of Reformation*, trans F. Hopman, Eugene OR, 2010。

[79]　J. Huizinga, *Men and Ideas; History, the Middles Ages, the Renaissance*, trans J. S. Holmes and H. van Marle, London, 1960, p. 65.

[80]　Ibid, p. 67.

格言——同时也产生了令历史学家对他们必然存在的主观地位的现实性视而不见的傲慢。[81]他提及理解语境的重要性，在某种程度上预示了剑桥学派思想史以及本世纪晚期文学研究中对文化史的新历史主义研究方法。非常重要的是，他认为历史主义并非是单纯的形而上的主张，而是一种有用的认识论理想。这界定了历史学家对历史的关注是"找出特定事物如何'真实发生'的欲望"——是朝向那种理想的运动，而并非可靠的获得。对于赫伊津哈而言，历史主义是一种创造特定的历史自觉的愿景，而绝非直达历史真实的傲慢的伪装。[82]赫伊津哈的地位实实在在地说明了文本主义历史学是如何能够继续保有历史主义的承诺，并且说明了现实主义是如何能够有效地而非形而上地发挥作用，并提供认识论途径而非本体论立场。

如果赫伊津哈像马克·布洛赫那样，没有于二战中早逝，那么一定很难探究他敏锐的思想是从何处获得文化史学问题的灵感的。关于这两位具有杰出影响力的文化史家，纳粹政权侵蚀欧洲说明了作为战争的结果的文化史发展最为显著的断裂。这场战争同样对瓦尔堡派文化史研究方法产生了重大影响。战争将瓦尔堡的追随者们驱离了欧洲大陆，也使得为数可观的维也纳学派艺术史家逃离了奥地利，所有这些运动在英国将流亡的学术难民联系在一起，促成了他们之间的思想交融，也正是在这一过程中，艺术史开始占据比在兰普莱希特与瓦尔堡的方法中更具有支配性的地位。将旧文化史描述为只关注"高雅艺术"成为了这种忽视的不幸后果。

---

[81] Ibid, p. 26.
[82] Ibid, pp. 39-43.

法、德鸿沟

当卡尔·兰普莱希特在一战前遭到德国历史学界排斥时，一个（现在很有名望，然而当时并不著名的且年轻的）法国历史学家吕西安·费弗尔开始了他自己的将文化心理学放入历史学研究领域的探索，但是这一点与兰普莱希特的民族精神的概念并不相同。一个重要的区别是费弗尔的版本拒绝将国家的神秘框架视为集体心理的基础，后来还特别批判这种方法。[83] 鉴于费弗尔年轻时兰普莱希特在法国被积极接受，因此将费弗尔置于布克哈特 / 兰普莱希特师承体系中应是可以的，也可以重新思考这一传统同年鉴学派之间的关系。年鉴学派是费弗尔同马克·布洛赫于 1929 年创建的，并由费弗尔在马克·布洛赫于纳粹占领下的法国抵抗运动中献身后以及战后时代进行领导的。这一联系因这些事实而更为确凿，即布洛赫正是在莱比锡，在卡尔·兰普莱希特的教导下度过了 1908、1909 两年的时光。[84]

在许多方面，费弗尔的认识论思考都显现出强烈的布克哈特、兰普莱希特以及赫伊津哈的印记，毫无疑问，费弗尔阅读过他们的全部著作。费弗尔，正如同布克哈特一样，强调历史学家的主观性是史学理解的与生俱来的属性，也是对所有声称史学实践客观性的必要限制。[85] 在这一方面，他正像是文化史家（比如兰

---

[83] 终其一生，费弗尔都是忠诚的世界主义者，并且始终拒绝在民族主义语境下对长时段历史的构建。他宣扬"历史学家最重要的美德"在于"拒绝将民族国家和各种政治形式（它们常被假定能合理延续数世纪之久）的永恒的必然性作为基本假定"。（L. Febvre, *Combat Pour l'Histoire* [Paris, 1952], p. 98.）

[84] Iggers, *Historiography in the Twentieth Century*, p. 52.

[85] L. Febvre, "Vivre l'histoire; propos d'initiation," in: *Combat pour l'histoire*, pp.18-33; Burckhardt, *Judgements on History and Historians*, p. xiii.

普希特和瓦尔堡）当中的学术趋势的一个组成部分，共通之处在于他们都反对德法两国占支配地位的主流史学思想一再重申的兰克派的陈腔滥调。1933年，他指责在两次世界大战之间的法国学科中变得根深蒂固的专门化精神。[86] 他关注赫伊津哈的著作，并为赫伊津哈的伊拉斯谟研究的1955年新法译本撰写了序言。[87] 在1952年的《为历史学而战》一书中，他一再批判地提及赫伊津哈的著作，但在某种意义上暗示了其富有创造力的激励作用。[88] 与赫伊津哈一样，他对布克哈特传统采取扬弃态度，取其精华，弃其无益。尽管他并不效法布克哈特或者赫伊津哈的一般性方法，但是他仍旧大体沿用了他们的结构，并且无疑从他所在时代的历史学者所表现出的世界主义的和博学的反传统文化当中汲取营养。显而易见，费弗尔提及了其他很多历史学家、社会学家以及心理学家的著作，并且决不能否认他偶然提及的德国传统对他的思想所造成的深刻影响。但是，我们有理由认为，费弗尔很可能自觉或不自觉地在自己的理论构架中将这些影响降到最低。这一点不仅是在法德之间的对抗蔓延到人文领域的两次大战之间的时期，同时也与他的学术生活相始终，并持续到二战之后。当时在法国，纳粹占领所带来的耻辱与恐惧使得承认德意志传统有很大贡献成为一件令人相当不快的事情。

布洛赫与费弗尔都以斯特拉斯堡大学为根据地。斯特拉斯堡的地理位置决定了没有任何其他地点能够比其更能代表德法文化之间的分歧。它坐落在德国皇室称为阿尔萨斯－洛林的领地的中

---

[86] L. Febvre, "Contre l' esprit de specialité. Une letter de 1933," in: *Combat pour l'histoire*, pp. 104-106.

[87] L. Febvre, "Préface," in J. Huzinga, *Erasmus*, trans V. Bruncel (Paris, 1955).

[88] Febvre, *Combats Pour l'Histoire*, pp. 215, 226-9, 300.

心，而对后者的长久争夺贯穿了整个 19 与 20 世纪：1789 年法国将其纳入版图，1870 年普法战争之后德国将其揽在手中，1918 年德国战败之后阿尔萨斯－洛林重回法兰西怀抱，1940 年却又被纳粹吞并，直到 1944 年又成为法国的一部分。当斯特拉斯堡在《凡尔赛条约》下重新回归法国时，所有自 1870 年起就在这里从事研究的德意志学者们都遭到了驱逐，取而代之的则是大量法兰西学者——其中就包括费弗尔与马克·布洛赫[89]。与此同时，之前已经开始成果丰硕的对话的德法学者之间产生了新的分歧。而费弗尔，这位出生并成长于洛林南希市的学者，在其后来的著作中依然表现出对 1870—1918 年德国占领阿尔萨斯－洛林的怨恨。[90]他与布洛赫都投身于一战的洪流中[91]。从战争中归来的他们，似乎再也不会与之前曾有联系的德国历史学界产生任何瓜葛。维希政权统治后，法国史学家更加远离德国影响下的文化主义途径，而年鉴学派在经济学与统计学的基础上牢固地重组了。

那么在此就又有一个理由认为，旧、新文化史学共享一个历史，从最初布克哈特的思想中的表达贯穿至今，经由 20 世纪初的兰普莱希特与瓦尔堡的思想，直到最近的 20 世纪末林恩·亨特与彼得·伯克的著作中的阐述，以及它们对年鉴学派的明显影响。[92]令人奇怪的是，伯克并不承认布克哈特与年鉴学派之间的连续性，也否认布洛赫、费弗尔与兰普莱希特、瓦尔堡之间的关

[89] M. Bloch, L. Febvre, *Les Annales d'Histoire Economique et Sociale. Correspondance, tome 1, 1928-1933*, ed. Bertran Müller, Paris, 1994, p. xix.

[90] Febvre, *Combats pour l'histoire*, p. 177.

[91] G. Huppert, "Lucien Febvre and Marc Bloch: The Creation of the *Annales*," in: *The French Review,* 55 (1983), p. 511.

[92] L. Hunt, "French History in the Last Twenty Years: The Rise and Fall of the *Annales* Paradigm," in: *The Journal of Contemporary History,* 21 (1986), pp. 209-224.

系，他将年鉴学派的历史构建为一场反对一个世纪以来政治史家们的统治地位的"法国史学革命"。[93] 尽管文化史家在 20 世纪最后几年之前在任何领域都不占据优势地位——这一点无可争辩，但是否认从布克哈特到兰普莱希特延续的系谱以及兰普莱希特与年鉴学派之间存在的联系，这也是不正确的。

如果我们检视关于兰普莱希特的观点——不仅在他自己的时代传播，并且盛行于近几年关于他的研究中的观点——那么不难发现，分歧是如何产生的。卡西尔、罗杰·奇克林以及格奥尔格·伊格尔斯都认为兰普莱希特对历史编纂学向文化问题开放而言是一个糟糕的模范（卡西尔），同时他的研究对于后世的唯一价值"只不过是好奇心"（奇克林），而对他的命运的兴趣也主要是帮助我们理解威廉二世时代的历史学政策。[94] 他的思想火花令人兴奋，但他却不是一个成功的实践者。并且，他的一些研究，正如布克哈特的一些研究那样，不可抗拒地成为争论与批判的对象，使文化史问题仍然活跃在欧洲学界的边缘地带。

早期文化史观的边缘化在 20 世纪 60 年代西欧文化高等教育的民主化浪潮中进一步封存起来，当时，文化史学连同它被意识到的神秘的精英主义不能与马克思主义影响下的研究方法——这一方法受惠于文化与社会变革的环境，其观点通过对阶级、经济与政治的重视表现出来——的魅力相匹配。在整个战后时代的欧洲大学中，文化史家恰恰代表了那种日益被贴上中产阶级的和社会保守倾向标签的学术角色。在年鉴学派史家的著作中，这些社

---

[93] P. Burke, *The French Historical Revolution: The Annales School 1929-1989*, Stanford, 1990, pp. 8-11.

[94] Cassirer, *The Problem of Knowledge*, p. 281; Chickering, *Lamprecht;* xiii; G. Iggers, "The Historian Banished: Karl Lamprecht in Imperial Germany," in: *Central European History*, 27（1994）, p. 92.

会的和意识形态的维度可以在"文化史研究方法为何黯然失色，或者说被吸收进马克思主义影响下的社会史学"这一问题的核心中得以窥见。在年鉴学派中，正是天主教保皇主义历史学家菲利普·阿里斯（Philippe Ariès）最为关注与年鉴学派向文化史学运动相联系的"心态史"（*histoire des mentalités*）一词。正如帕特里克·哈顿（Patrick Hutton）的传记研究中提到的，阿里斯关注旧制度下的法国家族、童年与私生活的历史，以便于因为二战中同叛国的维希政权相联系而在学术界名誉扫地的传统主义者的天主教价值观得以复生。哈顿认为，正是阿里斯作为维希政权的教师与人口统计学家的经历使他产生了战后作为史学家发展出来的方法的激进想法——这一方法试图挽救婚姻、家庭以及传统，回应"法国对德国失败是现代文化衰退的标志"的维希式的分析。[95]这一研究历史的方法要求对私人领域的关注，帮助年鉴学派方法同它因之成名的定量人口统计学相远离，使其更接近于过去的心理学、传记以及内在生活的研究。这一运动并非是天生右翼的，史学思想在战后法国沿着这条道路发展只是历史意外。但是这也许有助于解释为什么这种同阿里斯相关联的文化史在法国大规模左派知识分子运动与学生激进运动盛行的时代里并没能激起波澜。文化史，不同于经济与阶级社会史，并没有显示出具有为大众的政治激进运动与社会转型服务的令人激动的伦理学。

按照罗杰·奇克林、唐纳德·凯利以及其他 20 世纪史学思想的研究者所说的，旧文化史是"失败的范例"，并且"鲜有效仿者"。[96]但是伦敦高等研究院的瓦尔堡研究所持续生机勃勃的学术

---

[95] P. Hutton, *Philippe Ariès and the Politics of French Cultural History*, Massachusetts, 2004.

[96] A. Kuper, J. Kuper（eds）, *The Social Science Encyclopedia*, London, 1996, p. 273.

文化则显示，这种"失败"并不像某些想象中的那么普遍。或许认可旧文化史的部分困难就在于其缺少盲目忠实的追随者。当然，很少有人会称呼自己为布克哈特派、兰普莱希特派、瓦尔堡派或者赫伊津哈派，但是他们并不缺少沿袭和重新诠释。他们遭到了严厉的批判，但是他们的方法对多种多样具有历史头脑的学者影响深远。通常没能认识到这种影响，或许正昭示了我们自身依旧习惯于用 19 世纪的习惯思考，即从颂扬、竞争与仿效而非从动态地沿袭、批判与重构来衡量影响。除去那些在瓦尔堡研究所以及其他地方的真正在兰普莱希特和瓦尔堡帮助下保存下来的博学的多语言的文艺复兴式研究传统下继续工作的学者之外，还有其他数不尽的方面使得旧文化史的影响导致了在 20 世纪的人文研究中极为重要的文化、历史以及理论范式的产生。一些近期的文化史方法阐述忘却了这些前因后果，表现出对自身的理论概念的贫瘠的感知。除非这种理解得以丰富，否则文化史将始终对史学保守主义的错误描绘毫无抵抗力，它的实践者也模糊不清。

Abstract

Cultural histories are abundant in contemporary historiographic practice. Indeed this style of approach to the past appears to be the most proliferating kind throughout historical scholarship worldwide. But surveying the range of approaches taken by the countless scholars who, like this author, at one time or another call their work cultural history, it is apparent that there are widely disparate views about what distinguishes this field of knowledge from other kinds of historical or cultural research. This essay offers a corrective to the most common accounts of cultural history in historiographic thought, which have often characterized it as a new form of history, emerging only after the Second World War, and as a poststructuralist approach to truth and text in the past. While rigorous long studies of historiography certainly do tend to acknowledge earlier precedent forms of cultural history, a far more common vision of its origins as a late twentieth-century innovation continues to dominate historiographic accounts of it. Recent advocates of cultural historical practice have often themselves been complicit in a misapprehension of its origin and epistemology, with common claims made about its newness and postmodernism. Those accounts that do consider the earlier antecedents to the more recent practices, but nonetheless insist upon a rupture between the 'old' and the 'new' cultural history and upon the incompatibility of the elitist style of Jacob Burckhardt's 1860 *Culture of Renaissance Italy*, and the 'new' emphases on popular culture and textual hermeneutics in post-World-War-Two approaches. While there are indeed important changes in the way cultural historical approaches have been conceived across their history, this essay argues against the practice of bifurcation between the old and new forms, and proposes an alternative and continuous genealogy of cultural historical epistemology across the history of nineteenth- and twentieth-century ideas.

评 论

"深描细写"与生产关于近代中国的历史知识：以《新史学》为中心的讨论[*]

潘光哲（台湾"中央研究院"近代史所）

一

自从 1990 年 3 月创刊以来，《新史学》作为台湾史学界的"权威"刊物之一，影响深远。《新史学》创刊初始，即宣称要在"新的解放时代"里，"培养一种不断追求历史真实和意义的新风气"（《发刊词》）。然而，要评估《新史学》对台湾史学曾"培养"的"新风气"，不能也不该只就口号/宣言的相关文献为研讨对象，更应注意《新史学》刊布的相关论著，对台湾的历史知识的生产方式（mode of production of historical knowledge）[1]，究竟

* 本文发表于"《新史学》与台湾史学二十年国际学术研讨会"，台北：政治大学历史学系、《新史学》杂志社（主办），2009 年 12 月 12 日。本文仓促拟就，自为绝不成熟之初稿，实有负主办单位之期望，惭赧无已，敬望惠赐卓见，以开我智窍，导我出于迷津之中，并请勿引用。以下引用《新史学》之论著，皆不著刊名，经注卷期。
[1] "历史知识的生产方式"是笔者仿照马克思"生产方式"概念而杜撰的概念，注意在历史知识的生产过程里，关于知识生产原料的选择，知识生产关系与纪律的形塑和强化，知识生产成果的流通与消费等面向；至于如何细腻精确的营构此一概念，自待方家教正。

引领了什么样的"新风气"？史学工作者的研究心得能够经由评审程序刊布在《新史学》，其间涉及的不仅是作者履践"做历史"（do history）的识见与职分，更反映了《新史学》的编者认可肯定的史学实践标准。"一叶知秋"，就台湾的史学社群共润同享的学术风气与品味而言，《新史学》应是足具展示象征意义的一个例证，也在台湾史学从 20 世纪朝向 21 世纪发展中，刻画了不可或缺的深厚轨迹。

自从 1987 年"解严"以后至 2000 年间，台湾的"中国史研究"天地，另显风貌，就近现代中国史研究的领域言之，文化史取向的研究，大量问世，标志着新兴气象的特征[2]。不过，即令如此宏观的观察可以成立，就像卡尔·波普尔（Karl Popper）的"天鹅定律"一般，"不管我们已经看到多少白天鹅，也不能证明这样的结论：所有天鹅都是白的"[3]，史学的归纳总结，往往以牺牲历史细节为代价。事实上，我们在 1990—2000 年间的《新史学》上，还是可以看到实在不能称之为文化史研究取向的论著。即以《新史学》第六卷第三期（1995 年 3 月）刊出的三篇可以归诸广义的（约略从 17 世纪以降）近代中国史领域的文章为例，罗丽达的《清初国家财政上的宫府之争及赵申乔的遭遇》论述康熙年间内务府与户部之间的价值与利害冲突，进而揭示"满汉关系"的又一侧面；刘铮云的论文则以咸丰十一年（1861）的金钱会事件为例，描述会党与地方士绅、地方士绅与官府，以及士绅与士绅之间多重复杂的互动关系；至于林毓生在雄辩地勾勒

---

[2]　这是王晴佳的观察，参看王晴佳：《台湾史学五十年（1950—2000）：传承、方法、趋向》，台北：麦田出版，2002 年，第 209 页。

[3]　纪树立（编译）：《科学知识进化论：波普尔科学哲学选集》，北京：生活·读书·新知三联书店，1987 年，第 15–16 页。

出"全盘化或整体主义的反传统主义"的 20 世纪中国的整体思想线索之外，更要从这样的思想脉络里解释考察"中式马列主义"的来龙去脉。[4] 这样说来，为免"见林不见树"的阙失，在宏观视野进行概括之先，精细个案的观察述说，确有必要。当然，若以量化统计数字方式展现史学发展的趋向，亦不失为一种研究进路；但是，这等取向分类之预设，见仁见智，总或有顾此失彼之憾[5]。因是，本文拟从回归文本的角度，精细观察讨论《新史学》刊布之诸篇论著的内容，清理它们对于生产历史知识的具体贡献，归纳它们展现的共同风貌，或可为略窥台湾史学从世纪转换的发展场景，提供一个观察视角。唯限于个人专业知识学力，本文述说取材，仅能以和近代中国史领域相关者为限；而且，载诸《新史学》之论著，各有金玉之美，皆有独特知识／学术贡献，驽钝寡知如个人，思虑有阙，或难为之归纳定位，扬其美富，故必有未可引述者；即令有所阐述，抉幽发微之引譬，更未必允当宜恰。凡此诸弊，如得蒙作者谅之，识者教之，则笔者其何幸焉。

---

[4]　罗丽达：《清初国家财政上的宫府之争及赵申乔的遭遇》、刘铮云：《金钱会与白布会——清代地方政治运作的一个剖面》、林毓生：《二十世纪中国的反传统思潮与中式马列主义及毛泽东的乌托邦主义》载《新史学》，第六卷第三期。

[5]　例如，《新史学》第五卷第四期（1994 年 12 月）是"宗教与社会专号"，则刊布之诸文既可列为"宗教史"抑或"社会史"；然而，其中王汎森的《道咸年间民间性儒家学派——太谷学派研究的回顾》一文，则应细读文本始可为之定位，他宣称"不是以教史的角度……而是从 19 世纪一般思想史的角度"来观察太谷学派的意义（第 142 页），从全文论证观之，他既先回顾了太谷学派的研究史，更特别指出了太谷学派的关怀课题及其实践发展，如何随世变而更易，实际上更宜归类于思想史范畴。

二

　　近代中国史的研究，约略自 20 世纪 20 年代末期开始成为学科领域以来，历经前贤辟荆斩棘，筚路蓝缕，渐已萌生茁壮[6]，在 1949 年以后的台湾，更已蔚为大观，"中央研究院"近代史研究所的成立（1955），即具有高度的象征意义[7]。唯则，历经多重思想／认识的转折，所谓"近代中国"，当下绝对不会是不证自明的概念范畴。所谓"近代"，所谓"中国"，都可能必须被质疑，被反省，被思考。特别是如果还是以书写"国史"的角度来探讨"近代中国"，恐怕难免成为被批判的箭靶。毕竟，在后殖民史学（Postcolonial historiography）兴起的背景下，书写"国史"普遍遭受质疑，理由也很简单：它接受了现代民族国家对其领土空间的宣示，把国家（the nation）当成历史书写的普遍范

---

[6] 回顾近代中国史的学科／学术史成果，颇称丰硕，如，欧阳军喜：《论"中国近代史"学科的形成》，载《史学史研究》，2003 年第 2 期；刘龙心：《中国近代史：一门次学科领域的兴起》，"中央研究院"近代史研究所（主办），"史学·时代·世变：郭廷以与中国近代史研究"学术研讨会论文（台北：2004 年 1 月 13 日）；林志宏：《蒋廷黻、罗家伦、郭廷以：建立"科学的中国近代史"及其诠释》，载《思与言》，卷 12 期 2（台北：2004 年 12 月），第 41–81 页。至于研究述说这个学科的宗师级人物的文献亦众，罗家伦方面，王晴佳强调罗家伦是第一位开创近代中国史领域者，参看：Q. Edward Wang, *Inventing China Through History: The May Fourth Approach to Historiography.* Albany, NY: State University of New York Press, 2001, pp. 130-148; 另参看蒋永敬：《罗家伦先生的生平及其对中国近代史研究的贡献》，载《"中央研究院"近代史研究所集刊》，第 4 期下册（台北：1974 年 12 月）。蒋廷黻方面，如，沈渭滨：《蒋廷黻与中国近代史研究》，载《复旦学报（社会科学版）》，1999 年第 4 期；欧阳军喜：《蒋廷黻与中国近代史研究二题》，载《复旦学报（社会科学版）》，2001 年第 2 期；王宪明：《蒋廷黻著〈中国近代史〉学术影响源探析——以所受"新史学"及马士的影响为中心》，《河北学刊》，2004 年第 4 期。郭廷以方面，如，吕实强：《辛勤开拓中国近代史研究的郭廷以先生》，收入：逯耀东（编著）：《拓垦者的画像》，台北：中华文化复兴月刊社，1977，第 465–483 页；其余相关文献，不详举证。

[7] 参看吕芳上：《近五十年来台湾地区有关中国近代史研究的回顾（1955—2005）》，"中央研究院"近代史研究所（主办），"中国近代史的再思考：'中央研究院'近代史研究所创所五十周年"国际学术研讨会论文（台北：2005 年 6 月 29 日）。

畴。同时也确立了民族国家这样的政治/经济形态（formations）是构成世界的基本单位。然而，所谓"民族国家"的内部岂是"铁板一块"：各区域、各民（种）族之间的差异，其实也是复杂之至；只是，"国史"既然强调某一民族国家的一致性，这些差异往往会被泯灭，从而忽略了人类社会在历史舞台上各种错综复杂的表现形式。[8] 不过，理论层域的思考辩诘是一回事，具体的史学实践是另一回事。类似的质疑追问，意义所在，对涉足于近代中国史领域的史学工作者而言，应该只具有认识论领域里的提醒作用和价值，不等于因此就该放弃自身应尽的职分本务。

《新史学》刊布之论著，或许不曾旗帜鲜明地扛起要质疑"近代中国"的大纛，实际上却对我们反省思索什么是"近代中国"，提供了许多实证的具体贡献。他者毋论，仅就一般被认为对"近代中国"影响极大的"西力"而言，其影响究竟何若，就不是以简单的模式或概念可以概括的。许多出现在《新史学》中的论著，既重建了这幅图像的某一方面，也展现了如果真得要将"近代中国"千样万态的历史表相进行概念化的工程，其实有许多工作要做。

像是赖建诚发表在《新史学》的一系列可以归类于广义的近代中国经济思想史，既尝试将以西洋经济思想史的架构（以"重农主义"、"自由放任"、"保护主义"及"社会主义"四大项）来

---

[8] 这是 Christopher L. Hill 的思考，他以日本思想家福泽谕吉，美国史家 Frederick Jackson Turner 以及 19 世纪法国自由派经济学家 Paul Leroy-Beaulieu 为考察对象，提出了这样的论述，参看：Christopher L. Hill, "National Histories and Word Systems: Writing Japan, France and the United States," in: Q. Edward Wang, Georg G. Iggers, edited, *Turning Points in Historiography: A Cross-Cultural Perspective*, Rochester, NY: University of Rochester Press, 2002, pp. 163-184.

区分近代中国知识人的经济政策理念[9]，具体指陈西洋经济思想在近代中国的样态；复以梁启超为个案，既述说梁启超对清末民初的币制改革的理想与实际；赖建诚也就其研究心得，指出研究梁启超的经济论述，值得我们重视反省的方面[10]。赖建诚的努力，固然不免稍嫌有以现代经济学知识与架构理解过往之弊，论述仍不乏参考之处[11]。与世界经济贸易往来，是"近代中国"的一大特征，实况如何，始终吸引史学工作者的目光。林满红从世界经济的脉络来看待19世纪大清帝国遭遇的"朝代危机"及其"中兴"[12]，就甚有兴味。而如陈国栋解释清代中叶广东行商"日薄西山"，越来越少人肯当行商的原因，来自于他们筹措现金的代价往往大于可支配利润；陈国栋征引利用的史料，除了清代档案之外，还包括东印度公司的档案与美国的商业文书及账册，如他论证丽泉行的潘长耀因美国商人欠债不还，乃遣人赴美打官司，甚至上书美国总统麦迪逊，即引用美国的商业文书，[13]从而显示了中国回应"西力"的多重样态。刘广京的《晚清人权论初探——兼论基督教思想之影响》，则细腻地述说了西方的思想概念范畴如何对近代中国产生影响，他探索"人权"概念在晚清时期的萌

---

[9] 赖建诚：《西洋经济思想对晚清经济思潮的影响》，第二卷第一期，"表四"（第104－105页）。

[10] 赖建诚：《梁启超与清末民初的币制改革》，第十一卷第一期；赖建诚：《梁启超的经济论述——综述、回顾、省思》，第十二卷第一期。

[11] 举例而言，Paul B. Trescott 的 *Jingji Xue: History of the Introduction of Western Economic Ideas into China 1850-1950*（Hong Kong: The Chinese University Press, 2007），讨论述说西方经济学与思想进入近代中国的整体图像，固然非以描述晚清及梁启超为主轴（其措意所在，实为留学生与教育体制对经济学输入之面向），如可吸收赖建诚的观点，则应可更有深入，如其引述向大清帝国提出建议的美国经济学家精琪（Jeremiah Whipple Jenks）与梁启超的货币论有所交涉之部分，仰仗的是侯厚吉与吴其敬的《中国近代经济思想史稿》（第41页），实际上，赖建诚对这一课题的讨论，具体指陈梁启超认知不足之处，实有贡献。

[12] 林满红：《明清的朝代危机与世界经济萧条——十九世纪的经验》，第一卷第四期。

[13] 陈国栋：《论清代中叶广东行商经营不善的原因》，第一卷第四期，第37页（注24）。

生，是如何从"人人有自主之权"一词为起始，并溯其源头，抽丝剥茧，论证此乃来自于西方基督教传教士的贡献，其研究所得，不仅充实了我们的历史知识，他追溯诸如《万国公报》、《万国公法》、《佐治刍言》、《泰西新史揽要》诸种文本，以示概念变衍迁易的手法，[14] 实具有当下进行概念史研究的启发意义。刘广京的研究，正可以展现，即便就算要讨论西方的影响，那些大家早就知晓能详的史料，只要转换不同的角度，从不同的视野，就可以得到全新的认知，黄进兴的《追求伦理的现代性——从梁启超的"道德革命"谈起》，也是类似例证。黄进兴指出，清末民初道德意识的转化，与现代伦理学科的建立，同步并行，因是择取了梁启超的《新民说》、刘师培的《伦理学教科书》及蔡元培的《中国伦理学史》这些以近代思想为专业的史家都不陌生的史料，作为分析的例证轴线，指陈当"Ethics"可以等同于"伦理学"，使之建制化，创建中国的"伦理学"知识系谱，也为道德典范的更替，另辟新门户。[15] 王汎森则讨论来自西方的"线性历史观"如何影响了"近代中国"的多重层域，像是以世界发展"公例"来重新诠释中国历史，使得历史想象与历史解释出现种种簇新的可能，进而描绘出崭新的历史图像。例如，刘师培的《古政原史论》也是研究晚清思想史的专家都熟悉的著作，透过王汎森的述说，对于刘师培为什么会对传统的《仪礼》"昏礼"、"宗法"等典籍制度作出好似具有普遍意义的诠释，可以得到进一步的理

---

[14] 刘广京：《晚清人权论初探——兼论基督教思想之影响》，第五卷第三期。

[15] 黄进兴：《追求伦理的现代性——从梁启超的"道德革命"谈起》，第十九卷第四期。

解。[16]来自"西方"的思想刺激，方方面面，随个人关怀视野之不同，总能挖掘出不是那样广为人知的场景，为"近代中国"的内涵，别呈新意。像是王文基以非知识巨子之列却又堪称社会精英的戴秉衡为例，指出 20 世纪 30 年代后半期在北平协和医院任职的社会心理学家戴秉衡，如何借用主要来自美国的社会科学研究方法，对院内若干病患进行精神分析，企图理解中国人的人格结构，以及家庭、政治困境下的病理表现。只是，戴秉衡的努力，其实与他自身在不同的文化系统之间的摆荡经验，密不可分。[17]在真人实事之外，虚构的外来人物，竟也可在"近代中国"的天地占有一席之地，考察其来龙去脉，也可想见"西力冲击"的可能广度。如苏联作家尼古拉·奥斯特洛夫斯基（Nikolai Ostrovskii）的小说《钢铁是怎样炼成的》的主人翁保尔·柯察金，如何特别在 1949 年之后，通过各种形式，流传广播，俨然是"社会主义英雄"的样板，是余敏玲《苏联英雄保尔·柯察金到中国》考查的主旨，因此，成为她重建这幅图像的史料依据，不单是这部小说的翻译文本，还包括了漫画版本、话剧、电影及语文教科书；为描摹受众的反应所在，在《人民日报》、《中国青年》等比较方便寻觅资料的官方报刊之外，像是《北京大学校刊》、《内部参考》等较为难得的资料，也是她引用的史料依据。[18]因是可见，"近代中国"与"西方"的互动，多元难尽，即使在 1949 年之后，

---

[16]　王汎森：《近代中国的线性历史观——以社会进化论为中心的讨论》，第十九卷第二期（特别是第 24-26 页）；对比于同样征引刘师培之诠释《仪礼》"昏礼"的段落，李帆和王汎森一样都指出刘师培都受到严复《社会通诠》的影响，唯则，李帆于此论述曰：刘师培的这等述说可以显示"传统中国小学与西方社会学新知得到了较完美的结合"（李帆：《刘师培与中西学术》，北京：北京师范大学出版社，2003 年，第 95-96 页）；两相对比，王汎森的诠释视野，实远迈其上。
[17]　王文基：《"当下为人之大任"——戴秉衡的俗人精神分析》，第十七卷第一期。
[18]　余敏玲：《苏联英雄保尔·柯察金到中国》，第十二卷第四期。

也不曾停止过。

何况，"近代中国"与"西方"之间的关系，怎么会是"由西至中"的"单行道"呢？即令"西力"确对中国造成了影响，如可扩充视野，可以展望的历史世界，可能更为宽广。黄一农回顾天主教传华史，就引征既有研究，提醒我们"礼仪之争"对西方教会的影响。[19] 夏伯嘉也展示了欧洲中国观的演变脉络，其中因为"礼仪之争"导致传教士和士大夫的疏远，引发了相当的影响。[20] 至于张宁研究清末民初中国蛋业的发展，则是更为细腻的例证。张宁指出，由于西欧的食物脱水与冷藏技术传入中国，缔造出前所未有的蛋品工业，同时，配合着轮船、铁路等新式运输工具的引进，以及跨国公司在华子公司产销一体的营运模式，再加上第一次大战期间欧美对于冷藏与脱水食品的强烈需求，终于为中国蛋品在欧美地区开发出辽阔的商机与市场，同时带动了饮食内容与习惯的改变。[21]

从《新史学》的这些例证来看，我们可以想见，"西力"在"近代中国"的影响，不可能是单一面向的，必须要从多方面的角度进行观察，依据选题，厘清脉络，开发新史料（如余敏玲征引《内部参考》），或是对既存史料的再解读（如刘广京引用的《万国公报》，黄进兴征引梁启超的《新民说》，王汎森引用刘师培的《古政原史论》），可以开展的历史卷轴，令人耳目一新；如果仅止以简单的模式或概念进行概括，恐怕只会使"近代中国"的历史图像，从多彩缤纷变成了黑白两判。正如同刘季伦批评黄

---

[19] 黄一农：《明末清初天主教传华史研究的回顾与展望》，第七卷第一期，第139页。

[20] 夏伯嘉：《从天儒合一到东西分歧——欧洲中国观的演变》，第十二卷第三期。

[21] 张宁：《技术、组织创新与国际饮食之变化——清末民初中国蛋业之发展》，第十四卷第一期。

仁宇的史学业绩，认为黄仁宇以"中国的长期革命"贯串了历史的一切，目标与结局则是一个"能在数目字上管理"的中国，于是"千门万户"成了孤门独户，历史里的那些既存的暧昧、繁复、纠缠，则变得如此线条分明，单调平面。[22]刘季伦的提示，显示了《新史学》供应的历史知识，不是具有道德训诲意义的"历史智慧"，而必须是历史本身。

因此，能够在《新史学》刊布的论著，正展现了它的编者群欣赏的，是怎样将"近代中国"放回历史本身的努力。好比说，在"近代中国"的时空里问世的许多基本概念与词汇，是如何形成绵延、繁衍传承，以至于今的？《新史学》刊布了不少的论著，意向所祈，正是要质疑这些基本概念与词汇，绝对不是那样"天经地义"。正如陈熙远指陈，"宗教"作为对应转译"religion"的概念，是在19世纪末期才浮现于中国知识阶层的文化论述里的，"宗教"作为一个"关键词"，影响所及，对近代中国的国家建构与社会启蒙诸般事业的开展，皆有其不可忽视的作用。可是，先行者并不是理所当然地以"宗教"来翻译"religion"的，彭光誉论证"尔厘利景"（= religion）与传统中国"教"的概念，不能等同；朱希祖要以"神教"来翻译"religion"的苦心孤诣，都是绝佳例证。[23]又如，"现代化"曾经是导引人们理解近代中国变迁的概念工具，沈松侨报道讨论"中国现代化研讨会"的一时盛况，即曾指出，一旦"传统"与"现代化"等基本概念未能得到深入的分疏和厘清，那么，任何近似的历史轨迹都可以纳入讨

[22] 刘季伦：《历史与自由——论黄仁宇的史学》，第十三卷第三期，第232页。

[23] 陈熙远：《"宗教"——一个中国近代文化史上的关键词》，第十三卷第四期。

论，必然没有实质的知识贡献。[24] 潘光哲则述说了"现代化"的论说史（the discursive history of modernization）在 20 世纪初期中国之概况，尝试分疏知识人如何以"现代化"这个概念表达他们对中国未来前景的各种想象，并以这个概念统摄书写近代中国的变迁样态，他还指出了像是"现代化"之类的词汇，在现代中国思想舞台登场问世的意义，应当置诸原来的历史脉络里进行探索。[25] 金观涛与刘青峰长期运用中国近现代思想史文献的"数据库"，进而开展近现代思想史的"关键词"研究与疏理之研究。[26] 他们表明，如果利用"数据库"为辅助工具，可以帮助历史研究者追觅近代中国重大历史事件背后的"真实观念"，如他们统计"天下"、"国家"与"万国"等词汇在 19 世纪中叶的变化情况，展现了中国"世界观"的变迁样态与具体影响，即甚有兴味。[27] 即令由于近现代中国思想史文献既多且繁，如果与某一个观念息息相关的关键文献，恰好在作者建立的"数据库"之外，则他们提出的若干宏观论说，不免存在着可再深化（修正）的空间。[28] 唯其致力于"数据库"的建立而开展讨论，为这些基本概念与词汇的形成脉络与源流，提供了基本翔实可靠的资料依据，议论所得，仍可触发我们诠释／理解前此思想世界的多元思索。当然，

---

[24] 沈松侨：《现代化的回顾与展望——"中国现代化研讨会"纪要》，第二卷第一期。

[25] 潘光哲：《想象"现代化"——一九三〇年代中国思想界的一个剖析》，第十六卷第一期。

[26] 他们已将相关研究集结为专著：金观涛、刘青峰：《观念史研究：中国现代重要政治术语的形成》，香港：香港中文大学，2008 年。

[27] 金观涛、刘青峰：《历史研究的客观性——论观念史图像中的真实》，第十八卷第一期。

[28] 笔者认为，分析"革命"一词在近现代中国史的意义变迁，像金观涛他们那样以"数据库"为入手方案，仅为一种研究路数，如孙中山涉及"革命"论说的《中国问题的真解决——向美国人民的呼吁》，即不在其"数据库"之内，是以能否提出脉络分明系统整齐的宏观论说，未必全然允洽，参看潘光哲：《美国〈独立宣言〉在晚清中国》，载《"中央研究院"近代史研究所集刊》，第 57 期（台北：2007 年 9 月），第 5 页（注 16）。

由于研讨基本概念与词汇的形成传衍，必须涉及的史料与史学的天地，实在广袤无垠，视野所涉，难免顾此失彼，后继学人，自可积薪层层，"后来居上"。像是同样省思在近现代中国思想界占有不可忽视的"经世"概念及其研究的成果，丘为君与张运宗的研究，固已指陈应该从"儒学义理结构的角度"来深入研究"经世"概念在不同时空背景下的深层意涵，进而开启一方值得"动手动脚找东西"的天地，嘉惠学林；[29] 后来者如解扬，增损转益，进一步指陈探讨"经世"概念，还须"兼顾当时社会和人事的实际生活、运作环境"，是以，如注意儒者参与乡治管理及地方讲学活动的面向，应可扩充我们对于"经世"概念的掌握和理解。[30] 这样说来，《新史学》刊布的类似论著，可以启示我们的就是，仅仅质疑追问那些在我们生活世界里依旧充满生命力的基本概念与词汇，是否确有其放诸四海皆准的普遍效度，并不足够，我们还必须观照它们的"来时路"，要将这些基本概念"历史化"，才能知晓这些基本概念与词汇，是在什么样的具体历史时空脉络里安位定锚，成为我们表述思考时，指方引路的基本单位。

在观念世界之外，近代中国的变迁，其实往往也和历史本来场景里的当事者各有算计，自牟利益，脱离不了关系。潜伏在历史大潮之下的，也包括了你争我夺的"黑暗世界"。发生在乾隆朝的"高朴案"，前行者已注意及之，赖惠敏则以更丰富的档案史料，详为释论，具体显示皇权如何假惩治贪污这等好似充满道德正义意味之名，遂行"中饱私囊"之实，也反映了政府统制经济与商人自由经济之间的扞格张力，是在什么样的场景下终究会

---

[29] 丘为君、张运宗：《战后台湾学界对经世问题的探讨与反省》，第七卷第二期。

[30] 解扬：《近三十年来有关中国近世"经世思想"研究述评》，第十九卷第四期。

逾越临界点，爆炸开来。[31] 王俊雄、孙全文、谢宏昌等人探讨近代中国引进西方"都市计划"的独特历史过程，以国民政府定都南京初期的《首都计划》为个案，指陈了源于欧美的都市计划，是在国民政府建国的需求下，被当成一种可以巩固国民政府威权统治的先进知识而引进。由于价值目的之根本差异，《首都计划》包摄的，除了承袭自欧美的科学主义外，还发展出一套具现于空间上的民族论述。但是，在注意这套规划设计方案隐含的"知识/权力"关系之外，不应忽略了落实过程里的政治脉络，蒋介石和孙科两股政治势力明争暗斗的戏码，居然借此上演。[32] 同样的，在所谓"洋务运动"的世界里，推动引进西方科技的官方与参与其事的民间，彼此互动往来，自然都涵括着个人现实政治权力与经济利益竞逐的考量，郭文华以台湾铁路、台北机器局与基隆煤矿为例的研究讨论，正指陈了这一面向[33]。

　　简单总结，《新史学》刊布的论著，提醒着后继的史学工作者，与其费精耗神于在理论层面质疑"近代中国"，耍玩精致的概念游戏，不如从实证的角度，为反省思索什么是"近代中国"的工作，提供具体的例证。无论是就近取材既存易得的史料，还是开发新的材料，抑或重新省思基本概念与词汇之形塑的历史过程，乃至于重视个别历史现象里潜藏的权力/利益的戏码，我们对"近代中国"的意义追问，就不会是凭空说法，也不至于总是在抽象思维的天空上遨游。

---

[31]　赖惠敏：《从高朴案看乾隆朝的内务府与商人》，第十三卷第一期。

[32]　王俊雄、孙全文、谢宏昌：《国民政府定都南京初期的〈首都计划〉》，第十五卷第一期。

[33]　郭文华：《台湾洋务科技初探访（1887—1895）——从台湾铁路、台北机器局与基隆煤矿出发的初步讨论》，第七卷第二期；不过，他的论说，仅引用了陈慈玉及许雪姬等先行研究（第135页〔注109〕），"点到为止"，不免有憾。

三

　　"近代中国"的历史面向，千样万态。那么，就像追问恺撒渡过卢比孔河的意义，与其他成千上万的人同样渡过这条河，究竟有什么不同一般[34]，"近代中国"的舞台上有哪些问题值得追问求索，自然也没有标准竿尺，怎样诠解其意涵，也没有标准答案，都是史学工作者自己选择的结果。可以说，已经出版将近80大册的《新史学》，陈列在书架上，宏伟堂皇，就像一座有着无数房间的古堡，楼高门多，它刊布的每一篇论著，则犹如一把又一把可以打开不同房门的钥匙，每登上一层楼，每打开一扇门，就可以看到景致完全不同的"过去"。可是，人们身处不同的楼层，临窗瞻望大千世界的时候，所能看见与所被遮蔽的视野，必然不同，史学工作者观照的"过去"，自然本是历史全景的一方角落。然而，只要他们生产的历史知识，得以光照一隅，并且自成一格，展其巧妙，便有贡献。

　　即以近代中国历史人物的研究而言，《新史学》刊布的相关论著，就如万花筒一般，正看逆观，总是万彩斑斓。吴以义借着检讨既有的晚清思想界巨子王韬的成果，展现了王韬的生命旅途里其实总是"荒诞与真知并存"；[35]同样的，何素花借着清初张伯行如何亟思藉妇女德行的规范，整风易俗，重建社会秩序，却始终无法挽正时风，进而指陈，民风之实际，和士大夫的要求，其

---

[34]　这当然是承袭 E. H. Carr 的论说，参看：E. H. Carr, with a new introduction by Richard J. Evans, *What is History*？, Basingstoke: Palgrave, 2001（40th Anniversary ed.）, pp. 5-6.（参考：爱德华·卡耳著，江政宽译：《何谓历史？》，台北：博雅书屋，2009，第105-106页。）

[35]　吴以义：《王韬研究所提示的中国近代史的复杂性——评忻平〈王韬评传〉和柯文〈在传统和现代性之间〉》，第十一卷第二期。

实走在不同的路线。也就是说，阅读张伯行的著述，我们不能只看到"规范"的理想面，还要设想当时的实际面。[36]由于"戊戌政变"被迫来到台湾的章太炎，在这方已经成为日本殖民地的土地上生活的他，思想样态究竟如何？若是想当然地以为民族主义者章太炎一定是批判日本殖民的旗手，其实是与历史本来样态"相去千里"的"想象"。王飞仙爬梳章太炎在《台湾日日新报》上发表的文字，为展示章太炎生命思想道路的这一抹轨迹，提供了丰富的图景。[37]在20世纪中国历史舞台上有着深刻影响的胡适，评价所在，见仁见智，唯其在学术领域的表现与业绩，如可回到历史的脉络，则可有进一步的认知。如丘为君探讨胡适对"乡先贤"戴震的研究，指陈胡适的学术努力，不仅蕴含"整理国故"的学术史意义，还深具思想的战斗意义，即胡适企图透过戴震来批判中国的理学传统。[38]翟志成讨论述说胡适和冯友兰的两本《中国哲学史》，固然承袭余英时的睿见[39]，指出了胡适为中国学术转型的成功起了最关键的作用；唯则，当其弟子冯友兰"青出于蓝"之后，胡适如何"打压"超越自己的冯友兰，翟志成绝不讳言[40]。在20世纪下半叶的中国知识人，历经时代转换，走上完全不同的思想道路。只是，有的知识人是全心全意的要走"思想改造"的路，潘光哲描述解释吴晗如何经历政治抉择，治史趋向有所变化的场景，进而指出，吴晗的历史论著，其实是将毛泽

---

[36] 何素花：《士大夫的妇女观——清初张伯行个案研究》，第十五卷第三期。

[37] 王飞仙：《章太炎与台湾》，第十二卷第三期。

[38] 丘为君：《从批判传统到新诠国故——胡适的戴震研究及其思想史意义》，第十五卷第二期。

[39] 余英时：《〈中国哲学史大纲〉与史学革命》，载氏著：《中国近代思想史上的胡适》台北：联经出版公司，1984年，附录一；继承余英时论旨而又有所发挥之作，可以参看罗志田：《大纲与史：民国学术观念的典范转移》，载《历史研究》，2001年第1期，第168-174页。

[40] 翟志成：《师不必贤于弟子——论胡适和冯友兰的两本中国哲学史》，第十五卷第三期。

东的历史叙述进行"精致化",在奉"毛泽东思想"为尊的过程里,吴晗扮演了意识形态再生产者的角色。[41]可是,有的知识人会走上"思想改造"的路,可能是夹杂着多重复杂的生存考虑的结果,黎汉基精确地描摹金岳霖"思想改造"的各个阶段,则是一例[42]。1957年的"反右运动",是重要一幕,既有的认识,总是将北京大学校长马寅初因为提出了《新人口论》以致遭受批判的"马寅初事件",当成是串联历史脉络的一环,徐文路则尝试参照原来的史料,解释"马寅初事件"的脉络,其实与"大跃进"前后的政经情势有关,不该放在"反右"的诠释架构里[43]。这些企图刻镂人物之生命思想轨迹的论著,其实都展现出历史本来面貌的复杂特性,个人行止思维的方向,一己进退出处的抉择,牵涉所至,未必都是理智思考的算计,更可能是凭一己的意气用事,或者可能仅仅为了苟全己生。在历史洪流里载浮载沉的知识人,或是顺流而下,或是逆流而行,每个生命的遭遇,都有特殊的情节与故事,可供讲述,近代中国错综复杂的面向,由是"见微知著",思过半矣。

　　然而,要认识近代中国历史的复杂样态,并不是在知识/认识真空的环境下起步的,既存的意识形态,往往会是遮掩我们的眼翳,既有的学术积累,也有同样的"效果"。《新史学》刊布的相关论著,正向我们显示了突破此等认知障碍的可能方向。就穿越意识形态的障碍而言,黄金麟的《革命与反革命——"清党"再思考》,便突破了将1927年"四一二事件"单纯视为"反共事

[41]　潘光哲:《学习成为马克思主义史学家:吴晗的个案研究》,第八卷第二期。
[42]　黎汉基:《金岳霖的思想改造》,第十三卷第一期。
[43]　徐文路:《马寅初事件与反右运动》,第十九卷第一期。

件"的解释格局，盖所谓"清党"的对象，绝对不仅于共产党人而已，由此可以展现国民党政权初建时期建立遂行其统制权力的多重暴力样式，并语重心长地提醒我们不要再将"革命"视为合理化那些专断、血腥的神圣符码。[44] 罗志田的《"二十一条"时期的反日运动与辛亥五四期间的社会思潮》与《南北新旧与北伐成功的再诠释》，也具有类似的意义，前者观照 1912—1919 年五四运动爆发这段比较为过往学界忽略的时段，将 1915 年日本提出的"二十一条"引发的回应视为"民族主义情绪衰而复盛"的契机，从此民族主义情绪"成为 20 世纪中国政治中一个决定性的推动力量"，更逐渐形成将"中国一切问题归诸帝国主义压迫侵略的极端民族主义的倾向"[45]；后者则要纠正"北伐"的迷思，展现战场之外"无形力量"的作用。罗志田征引的史料固有常见者，更特别着意从当时的报刊里挖掘可以表明时代风向却为一般不注意的史料，如他引用唐悦良 1929 年发表在《密勒氏评论报》（*China Weekly Review*）的文章以论证许多人认为"国民革命已经失败了"[46]，即为一例。他们的业绩，具体显示即令要突破意识形态格局，不能只停留在理论观念的世界里，而应立足于广泛的史料搜索和解读的功夫。林丽月根本检讨研究 16 世纪陆楫的《禁奢辨》的史学业绩，即认为必须回到明清"经世思想"的脉络里进行考察，以今日生产、交换、分配、消费的"四分法"范畴进行思考，恐为失实。只是，对于傅衣凌以降的研究认为陆楫的观念类似于英国 Bernand de Mandeville 的观点，林丽月则强调

---

[44] 黄金麟：《革命与反革命——"清党"再思考》，第十一卷第一期。

[45] 罗志田：《"二十一条"时期的反日运动与辛亥五四期间的社会思潮》，第三卷第三期，第 87 页。

[46] 罗志田：《南北新旧与北伐成功的再诠释》，第五卷第一期，第 128 页（注 132）。

这等类比，实为引喻失当；[47] 陈国栋则借鉴于杨联陞的研究，回归 Bernand de Mandeville 的脉络，尝试从西方经济思想史的传统，建构出有关侈靡问题讨论的系统架构，从而论述道，其实陆楫与 Bernand de mandeville 所见，确有"如出一辙"之处[48]。潘光哲则企图借着确定张自牧之论著的撰作年代，纠正过往如小野川秀美等研讨之误失，进而强调，应当从比较宽阔的思想潮流来认识与理解张自牧的关怀所在，而不再仅视之为研讨晚清"西学源出中国说"这个课题的代表人物之一。如是，我们对于晚清时期若干观念的变迁流衍，当能有比较明确的认识；评价与反思，也可更形深入。[49]

傅斯年当年警告过在北京大学修习他开授"史学方法"课程的学生说：

> 新史料之发见与应用，实是史学进步的最要条件；然而但持新材料，而与遗传者接不上气，亦每每是枉然。从此可知抱残守缺，深固闭拒，不知扩充史料者，固是不可救药之妄人；而一味平地造起，不知积薪之势，相因然后可以居上者，亦难免于狂狷者之徒劳也。[50]

显然，这些论著，正启示我们，在"抱残守缺"和"一味平地造

---

[47] 林丽月：《陆楫（1515—1552）崇奢思想再探——兼论近年明清经济思想史研究的几个问题》，第五卷第一期，第 146 页。
[48] 陈国栋：《有关陆楫〈禁奢辨〉之研究所涉及的学理问题——跨学门的意见》，第五卷第二期，第 176 页；至于林丽月与陈国栋论述之得失，自非笔者能力所可评骘。
[49] 潘光哲：《张自牧论著考释札记：附论深化晚清思想史研究的一点思考》，第十一卷第四期。
[50] 傅斯年：《史学方法导论》，载《傅斯年全集》，台北：联经出版事业公司，1980 年，第 2 册，第 40 页。

起"之间，不是没有平衡点的，超越意识形态障碍，挑战既存学术业绩，其意乃在扭转我们的认识视野，并不意味着不需要借鉴于先行者的积累。所以，出现在《新史学》上的许多研究讨论的思路，往往纵横域外，借以启沃我们认识历史的观点与取向。想要了解外来的史学业绩／思潮在世纪转折之际的台湾史学界，影响究竟何在，《新史学》刊布的这些相关论著，正是具体而微的例证。以广义的近代中国研究领域来说，举凡宋至清代的国家与祠神信仰的研究[51]、明清妇女史研究[52]、明清消费文化的研究[53]、士大夫与民众之间的关系[54]、所谓"太平洋丝绸之路"的研究[55]，乃至于介绍日本中国史研究会讨论近代中国的转变迹向[56]，不一而足。《新史学》刊布的论著，既供应了最新研究的成果信息，也涵括了各个史学次领域的专业研究者，如何继承前行业绩而又雄心勃勃地要自辟蹊径的构想。至于新兴领域的拓展方向，更可清楚看见外来史学发展的深重影响，如在西方已是硕果累累的"阅读史"[57]、"书籍史"[58]与"日常生活史"[59]等课题，在前此台湾的近代中国研究领域里，基本上乏人问津，也都以《新史学》作为初鸣号角号召同好"盍兴乎来"的基地。至如"后现代主

---

[51]　蒋竹山：《宋至清代的国家与祠神信仰研究的回顾与讨论》，第八卷第二期。

[52]　Paul Ropp 著，梁其姿译，《明清妇女研究——评介最近有关之英文著作》，第二卷第四期。

[53]　巫仁恕：《明清消费文化研究的新取径与新问题》，第十七卷第四期。

[54]　李孝悌：《十七世纪以来的士大夫与民众——研究回顾》、于志嘉：《日本明清史学界对"士大夫与民众"问题之研究》，均刊：第四卷第四期。

[55]　李毓中：《"太平洋丝绸之路"研究的回顾与展望》，第十卷第二期。

[56]　陈耀煌：《日本中国史研究会论近代中国的转变——以足立启二〈专制国家史论〉一书为中心的探讨》，第十四卷第三期。

[57]　潘光哲：《追索晚清阅读史的一些想法——"知识仓库"、"思想资源"与"概念变迁"》，第十六卷第三期。

[58]　涂丰恩：《明清书籍史的研究回顾》，第二十卷第一期。

[59]　连玲玲：《典范抑或危机？"日常生活"在中国近代史研究的应用及其问题》，第十七卷第四期。

义"、"后殖民主义"等曾掀起史界波涛的理论思潮开始"泛滥"于台湾史界的迹象，在《新史学》上亦有所回应[60]。可以说，日后要观察检讨各式各样外来的史学业绩／思潮对1990年以来台湾史学界的影响，《新史学》正是绝对不能忽略的"史料"。

不过，要如何将外来的史学业绩／思潮给予的启发，转化为自身史学实践活动的指路依傍，并且能够不落入"邯郸学步"的困境，并不是简单的事。正如范毅军综合回顾明清江南市镇的研究，归纳整体的探索趋向之外，并批判了中国学界难可挣脱"资本主义萌芽解释模式"的牢笼，以致"不自觉地以西方近代形成的关怀为关怀"，难可打造自身的问题意识，[61] 便清楚展现了这等的史学视野，其实是被历史西方"盗窃"之后，对诸多好似"绝对真理"的观念，进行毫无批判意识的知识再生产[62]。如何突破这等窘境，实有赖于史学工作者"运用之妙，存乎一心"的实作。例如，梁其姿虽然熟悉西方通俗文化史的既有业绩，并成为她评论中国史研究相类课题的对照项[63]，在她讨论清代惜字会的普及之具体实作方面，并不完全依傍相关之著作，反而仰仗大量的史料（特别是地方志），从而展示清代通俗文化的复杂性，也让我们对当时儒士阶层心态"世俗化"的多重面向，有深入的了

---

[60] 王晴佳：《如何看待后现代主义对史学的挑战？》，第十卷第二期；Stephen Averill 著，吴喆、孙慧敏译，江政宽校译，《中国与"非西方"世界的历史研究之若干新趋势》，第十一卷第三期。

[61] 范毅军：《明清江南市场聚落史研究的回顾与展望》，第九卷第三期（引文在第132页）。

[62] 这是 Jack Goody 以批判"欧洲中心论"（Eurocentrism）为论旨，指陈"历史被西方接管，被概念化，以发生在欧洲范围内（通常是西欧）的事件加以呈现，进而，这样的模式又被强加于世界其他地区，展现出一幅"历史的盗窃"的场景，他并特别以 Marx、Weber、Norbert Elias 与 Fernand Braudel 等名家为其批判对象，参看：Jack Goody, *The Theft of History*, New York: Cambridge University Press, 2006.

[63] 参看梁其姿：《书评：David Johnson、Andrew Nathan、Evelyn Rawski 编 *Popular Culture in Late Imperial China* 〈中国明清时期的通俗文化〉》，创刊号。

解[64]。长期研治近代中国"民族主义"所得丰硕的沈松侨，将视野转换到平淡无奇的日常生活在建构"民族"的想象共同体时扮演的角色，特别以上海左翼知识人在 1936 年透过全国征文的方式编辑出版之《中国的一日》为基本文本，要分析探究这部书收录的无名大众对自身在当年 5 月 21 日一天内的生活经验与所思所感的叙事，进而显示建构近代中国"民族想象"与日常生活的复杂关系。他虽然征引了许多关于"民族主义"和日常生活的西方文献，唯其析论，更注意中国自身的独特脉络，提醒我们，这等日常生活叙事的创造，不是凭空而生，乃是与正推动"新生活运动"的国民党体制，竞逐日常生活叙事与"民族想象"霸权的产物；所以，在这样具体的时空脉络里，近代中国"民族想象"与日常生活的关系，也是各种权力、利益与意识形态的动员、争持、对抗和协商的场域。[65]

《新史学》刊布的这些论著，在在显示了台湾的史学工作者在开展生产历史知识的过程里，如何汲引西方史学与理论以为助益的多样面向。台湾史学界参照汲取"欧风美雨"以开展史学实践的趋向，由来已久，亦屡屡遭受批判，诟病无已。然而，所谓史学的"欧风美雨"，怎么会是浑然一体，毫无区异？况乎"美雨"自身也总是"欧风"吹袭之后的产物，即如美国史界研究法国大革命亦卓然有成的 Lynn Hunt，"光明正大"地承认法国的

---

[64] 梁其姿：《清代的惜字会》，第五卷第二期；她在本文里，只有述说精英与一般儒生之间心态上存在着巨大的鸿沟这一论点方面，引用参考了 Carlo Ginzburg 的《奶酪与虫》（*Le Formage et les vers*），见：第 113 页（注 58）。

[65] 沈松侨：《中国的一日，一日的中国——1930 年代的日常生活叙事与国族想象》，第二十卷第一期；在笔者看来，Michael Billig 的 *Banal Nationalism*（London: Sage Publications, 1995）一书应该是沈松侨本文理论征引数百篇的核心文献。

Francois Furet、Maurice Agulhon 与 Mona Ozouf 三人是她自己研究方法的先行者[66]。因此，受"欧风美雨"的影响，绝对不是问题；如何能够像 Lynn Hunt 那样，借引"欧风"之后，消化吸收，进而自成一家，终可广洒"美雨"，惠及世众，才是问题。简洁言之，《新史学》展示了台湾史学工作者观照"近代中国"的知识生产事业，从来没有整齐划一的步骤，各以自身之独特关怀，费精耗神，业绩所得，虽是各显风华，意向所在，总是要将这段"过去"的错综复杂，疏理明白。在历史知识生产的过程里，既有的意识形态与学术积累的障碍，是《新史学》的作者"击鼓而攻"并力图超越的对象；纵横域外四海，要以外来的史学业绩/思潮为镜子，帮忙看清自己，启发智慧，也是《新史学》的作者群努力的方向。可以说，《新史学》展现的"近代中国"，或许不是"近代中国"这座跨越时空的舞台的全部景象，但是，至少那是没有党派意识形态支配，没有独霸一尊的学术权威指导，视野企图可以穿梭于寰宇之间的"近代中国"。

四

"中央研究院"历史语言研究所的耆宿李济回忆起自己与傅斯年交谊的"吉光片羽"，谈起两人有回在北京北海静心斋闲谈的时候，说到了史语所当时开始的明清档案整理工作。傅斯年

---

[66] Lynn Hunt, *Politics, Culture, and Class in the French Revolution*, Berkeley, CA: University of California Press, 1984, p. 15.（Lynn Hunt 对法国大革命的解释，自然有所变化，其转折变易细节，不详论说。）

当时"颇有点失望的表示",李济好奇问道：为何有此不满？傅答曰："没有什么重要的发现。"李济乃应之曰："什么叫做重要发现？难道说先生希望在这批档案中找出清朝没有入关的证据吗？"傅闻此语，哈哈大笑，不复言矣。什么样的史料可以成为历史证据，其实是历史观念的差异，学术眼光的问题。[67]正如在明清档案整理工作历经多年的实践之后，著作也大量引用这批档案的刘铮云，以自己的研究心得进而指陈道："任何文件有无史料价值，实系于研究者有无提出相关的问题。有问题的提出，史料才有说话的余地。"[68]"问题"与"史料"的辩证关系，总是史学工作者的挑战。

令人遗憾的是，史学工作者在面对"问题"与"史料"的挑战之外，还得因应更多更复杂的历史认识论问题。正如 Ernst Cassirer 所言，"历史"这个词汇的用法有双重意义：

> 一方面，它意味的是过去的事实、事件和行止。另一方面，它的意义却又大不相同；它意味着我们对于这些事件的重组和知识。……我们称之为现代历史意识的东西，乃是由伟大的史学家的工作逐步建立起来的。[69]

与 Ernst Cassirer 的立论大致同调却更形激进的 Alun Munslow，

---

[67] 王汎森：《什么可以成为历史证据——近代中国新旧史料观点的冲突》，第八卷第二期（李济谈傅斯年的故事，见：第 106 页）。

[68] 刘铮云：《旧档案、新材料——"中研院"史语所藏内阁大库档案现况》，第九卷第三期，第 159 页。

[69] Ernst Cassirer, "The Philosophy of History, " in: idem., *Symbol, Myth, and Culture: Essays and Lectures of 1935-1945*, edited by Donald Phillip Verene, New Haven & London: Yale University Press, 1979, p. 137.

则说"历史就是对于过去的一种叙事"(a narrative about the past),
因此论断"历史就是史学史"(history is historiography) [70]。这样
说来,我们不得不承认,在"问题"与"史料"的关系问题之外,
史学工作者提出的"问题"与可以帮助他解决问题的"史料",确
实与"过去的事实、事件和行止",没有绝对密缝相合的可能。只
是,史学工作者难道就要因此停止善尽自己工作的本务职分了吗?

王汎森的思考,正可以帮助我们寻觅脱越此等难局的可能方
案。王汎森认为,"事件发展的逻辑"与"史家的逻辑",总是相
反的,史学工作者仰仗"后见之明",如果"以全知、合理、透
明的逻辑将事件的前后因果顺顺当当地倒接回去",那么,在
"史家的逻辑"之外的那些"歧出、复杂因子",就完全被他 / 她
遗忘忽略了。[71] 也就是说,我们即使不能"一口饮尽西江水",至
少应该知晓历史世界是何等的多重复杂,千万不要"单恋一枝
花",将自己勾勒描绘的图像,当成是对"过去"的唯一解释。
事实上,"近代中国"的洪流奔波传衍,至今不绝,过往对于它
的认识和理解,总是有出于"史家的逻辑"之所为者,因此往往
可以用简单的模式理论,加以概括论断。例如,从"后见之明"
来看,1903 年当然是中国革命风潮如澎湃怒涛,汹涌而起的一年,
不论是具体的革命行动抑或是革命言论,皆是相继并起。可是如
果放宽视野,在革命的"洪流"以外的许多历史事件和活动,它
们没有"革命"的轰轰烈烈、慷慨豪放,却无声无息地逐渐产生
影响,如果只局限在革命笼罩下的视野,就往往会障蔽了我们

---

[70]　Alun Munslow, *The New History*, Harlow & London: Pearson/Longman, 2003, p. 157ff.(至于 Alun
Munslow 此一论说广受批判的情况,不详述。)

[71]　王汎森:《中国近代思想文化史研究的若干思考》,第十四卷第四期(引文参见第 183 页)。

对于这些思想／观念在历史进程里刻镂的脉络／轨迹的理解。就1903年的历史场景而言，后世的史学工作者，当然可以忽略在革命洪流之外的一切事件，而只专注于研究那一连串霹雳作响的历史进程与后果，并且为之贴上一个"走向革命"——或者，"革命怒涛的勃兴"；或者，"革命力量的集结"——诸如此类的"标签"，以方便我们为诸多繁杂的历史现象进行"概念化"。但是，"概念化"并不等于"必然化"，这一连串的历史现象的重建与解释，不是为了供给论证"辛亥革命的成功"这个"必然王国"的材料，而是要让我们更形深入和精确的理解与思索，在1903年这个时间定点上，历史先行者从事各项活动，发表各种言论的内涵。以革命为主轴的史学书写，只会将历史的多样图像"漫画化"；以"革命"为主轴的史学书写，也会将中国建构成为"虚构的革命中心"，成为形塑各式各样悲剧的意识形态的根源之一。[72] 分疏《新史学》刊布与"近代中国"相关的论著之后，笔者可以确信，它们都不会为"制造"这样的"悲剧"效果，提供任何动力。相对的，要将近代中国多彩缤纷的历史图像，以个人独特的知识关怀／好奇，突破前行者设定的樊篱，提出与众不同的问题，奋力追索解析史料，"上穷碧落下黄泉"，从而遂行"深描细写"（thick description）[73] 的工程，是它们共同展现的特色。

---

[72] 参看潘光哲：《关于"告别革命"的历史书写——以一九〇三年为例的一些思考》，载《近代中国》，第145期（台北：2001年10月），第100-116页。

[73] 这是借用 Clifford Geertz 的论说，参看：Clifford Geertz, "Thick Description: Toward an Interpretive Theory of Culture," in: idem., *The Interpretation of Cultures: Selected Essays*, New York: Basic Books, Inc., Publishers, 1973, pp. 3-30; 当然，Clifford Geertz 的论点，在人类学界也引发若干的争议，例如：Adam Kuper, *Culture: The Anthropologists' Account*, Cambridge, MA: Harvard University Press, 1999, pp. 109-113; 本文不详述。至于 Clifford Geertz 又如何取鉴自他方学者建构"thick description"论，亦非本文可以探究者。

不过，在"深描细写"的实践进行过程中，首先强调的是史料的追索解读工夫，无论是披荆展棘，别开新域，因此必须开发新史料；还是由于转换视野，提出新问题，故取全新的视野诠释旧史料，乃是指导所有作者的"无上命令"，也是《新史学》的评审与编者判断去取文章的最高准则。但是，史料的搜索征引考证运用，用意所在，则是期望得以尽可能地逼近历史本相，再现"近代中国"多彩缤纷而又复杂无已的历史图像。因此，就《新史学》展现的历史的知识的生产方式言之，"史料"既是知识生产的原料，同时也是生产活动的构成核心，还是规范知识生产活动的根本纪律。透过《新史学》而展现的知识生产方式及成果，在台湾的史学社群里流通消费，因此也让历史知识的生产方式，建立了一套好似不言而喻的标准模式。套用马克思的话，"货币是商品中的上帝"[74]，那么，在《新史学》展现的历史知识生产方式里，"史料是知识生产中的上帝"。

三十年前，余英时省思当时史学的历程与结果，便强调史学研究是具体而踏实的工作，根基全在平时一点一滴的功力累积，只有在这样的坚实基础上，新观点与新方法，才有施展的余地。[75]他的观点，像是预示《新史学》刊布论著的风格一般，要以扎实的史料基础，为开拓史学的视野，扩张史学的领域，为我们追问近代中国历史的多重面向，形构出更为宽广的认知世界，营造更为坚实的知识地基。更重要的是，它们为历史知识的生产方式，树立了得以让台湾的史学社群共润同享的标杆、风气与品

---

[74] 《马克思恩格斯全集》，卷 46，上册，第 171 页。

[75] 余英时：《中国的现阶段：反省与展望——代发刊辞》，载《史学评论》，第 1 期（台北：1979年 7 月），第 1-24 页（特别是第 21-22 页）。

味，也鼓舞一代又一代的有志于史学工作的后继者，以《新史学》为蓝本，学习揣摩生产历史知识的"本领"。众所公认，现代意义的史学学术期刊是 1859 年创刊于德意志的《历史科学》(*Historische Zeitschrift*)，它的问世与持续，和当时德意志史家相信历史是与德意志人高度相关的学科的信念息息相关，也因应了史学家需要发表研究心得的园地的专业需求，学术实践与现实需求，紧密结合在一起。至于法国的 Gabriel Monod 创办了《历史评论》(*Revue historique*)，地位也与《历史科学》同伦并列，在德国受过史学学术训练的他，创办此刊之目的，亦与政治脱离不了关系，总希望能够对 1870 年之后处于惨淡时代的法国民族精神的恢复再生，有所助益。[76] 因是观之，即便是高度"学术"意义的史学期刊，问生初始之际，和现实需求/民族主义，总有千丝万缕的关系。即令《新史学》的核心领导者之一杜正胜曾经强调，当台湾史学"解构了以中国史为主体"之后，"台湾下一波的新史学运动"，将会是追求"历史家心态的解放"。

从《新史学》刊布和近代中国史诸篇论著观之，即令作者们未必都从所谓"台湾的经验"来进行"重新理解""近代中国"的工作，亚洲和世界的角度，也未必是他们书写实作的视野（评审和编者大概也不会悬此理想鹄的，作为文章去取的标准）。但是，他们生产并能得到《新史学》肯认而借之见诸学林的知识贡献，确实是"心态的解放"的结果："近代中国"不会是不证自明的概念范畴，这个时段与空间里的变化，也绝对不是简易的理论模式或概念可以概括的，只有立足于史料的确实追索考问，超

---

[76]　Margaret F. Stieg, *The Origin and Development of Scholarly Historical Periodicals*, University, AL: University of Alabama Press, 1986, pp. 4-6.

越既存的意识形态与学术积累的障碍，将"近代中国"放回历史本身，清楚疏理那段过往岁月里的千端万绪，明白阐述其间蕴积的错综复杂，才是历史知识生产的通衢大道，才是史学工作者善尽其本分的实践。是以，《新史学》创生于在民族认同动荡暧昧的台湾，虽然标榜着"台湾"观点，历经二十年的风霜雪雨，它却绝对不会被贴上为现实／民族主义服务挂勾的标签，毋宁正是因为它始终坚持具体而一致的历史知识的生产方式。《新史学》与台湾史学生命力长续永存的"秘密"，实赖乎此。

书　评

评余英时《朱熹的历史世界
——宋代士大夫政治文化的研究》

吴铮强（浙江大学人文学院历史学系）

余英时：《朱熹的历史世界——宋代士大夫政治文化
的研究》，北京：生活·读书·新知三联书店，2004 年，
922 页。

无论对于传统中国政治文化史还是南宋政治史的研究，余英
时先生的《朱熹的历史世界》（以下简称《朱熹》）都作出了重
要的贡献。《朱熹》是一个非常独特的文本，其本身所具有的政
治文化的意涵，超越了一般的中国史研究的范畴。本文将先介绍
《朱熹》的结构内容与立论主旨，其次略举几端分析其论证过程，
然后讨论余先生对宋代士大夫政治的理解方式，最后兼及中国市
民社会成长与儒学史研究的展望。

一

　　《朱熹》分上下两篇，而通观全书，包括自序在内全部内容可以分为四个层次。

　　第一层是两篇自序，交代全书主旨，提出宋代士大夫是"一定程度的政治主体"（自序一，第1页）。第二层是上篇"绪说"，这部分其实是结论，以绪说的形式统领全书，概括与补充全书内容并阐述其意涵，强调道学家把重建社会秩序的责任放在"士"阶层的身上，他们是与君主"同治天下"的人（第121页），以及朱熹以"无极"描述"太极"，以"无极"阐释"皇极"，如果落实到政治秩序上，则"君"只能是一个"无为而治"的"虚君"（第181页）。第三层是上篇七章，《朱熹》副标题所揭"宋代士大夫政治文化的研究"主要体现在这一部分，通过儒家文化传统（第一章"回向三代"）、宋代士大夫政治地位的演变（第二章"宋代士的政治地位"）与政治理想的提出（第三章"同治天下"、第六章"重建秩序"）、士大夫与君主的政治互动（第四章"君权与相权之间"），层层落实宋代士大夫的"政治主体意识"，其中第五章"国是考"与第七章"党争与士大夫的分化"，则揭示士大夫政治"主体性"在政治实践中的体现，即是围绕定"国是"而展开的党争。

　　上篇为通论，下篇则为专论。下篇"绪说"为专论之总括，专论六章，这是全书的第四个层次，第八章阐述理学家的政治抱负，第九章描述理学家受在现实政治中的处境，第十、第十一章分别揭示理学家与孝宗的政治联盟以及理学家以外的"官僚集团"与光宗的政治联盟，第十二章则以心理分析的方法深入阐释孝宗与光宗的权力冲突，及由此延展及两位君主个人之间的心理冲突。但第十二章的最后一节"环绕皇权的争论"则转而分析理学家与"官僚集团"对"皇极"的不同阐释，试图从中揭示理学家不同于"官僚集团"的政治文化意义。《朱熹》全文主题在于揭示朱熹的"历史世界"，从余先生的研究来看，朱熹在现实政治史"世界"中的活动，可以概括为两个方面：第一是与孝宗达成了比较一致的政治取向，并在一定程度上形成了政治联盟，或曰"共定国是"；第二就是对"皇极"的概念进行了理学特有的发挥，以此抵制光宗朝政治，其实也是党争在思想领域的延续。

考察全书各部分之间的关系，才能理解《朱熹》整体构造的原理以及正副标题的含义。正如《朱熹》上篇"绪说"与"自序"是最后写的，却置于全书最前面一样，《朱熹》一书整体的构造有一种倒置的原理：不是从现象到本质、从经验到意义的归纳过程，而是先揭示主题，然后再将主题落实到史实。如果把全书的内容按归纳的方式再倒置过来，那么《朱熹》的内容可以概括为：

高宗无子嗣，选择孝宗等十人以太祖后裔入养禁中，其中孝宗脱颖而出，基本获得了皇储的地位。但孝宗的竞争者伯琮获得高宗的宠妃宪圣后（吴氏）的支持，给孝宗造成极大的心理压力。由于孝宗性格沉稳，高宗最终选择了孝宗，并以内禅的形式让孝宗提前继承皇位。但是高宗自绍兴三十二年（1162）退位到淳熙十四年（1187）逝世，这二十四年间始终在幕后暗握皇权不放手，导致孝宗锐意复古与恢复中原的政治抱负无从施展。因此孝宗对于高宗，在理性或显意识的层面上是感恩戴德，而在潜意识中却深藏着敌意和积愤。高宗去世后，孝宗的引退三部曲——

"三年之丧"、"太子参决"与"内禅",其中"三年之丧"表面是孝宗对高宗的一种极端的孝行,实质上是对"三年无改于父道"的一种背离,是一种隐蔽而强烈的泄愤方式;关于"太子参决",《朱熹》指出此乃出于孝宗一己之意,而且必然导致皇权的二立分化。至于"内禅",《朱熹》认为虽然孝宗有意于此,但本打算在人事布局完成后再行内禅,无奈光宗得到高宗的宠爱与宪圣后的支持,不得不提前退位,从而也打乱了孝宗重用理学家的政治部署。孝宗退位之后,试图效仿高宗以"一月四朝"的形式以及在朝理学家继续掌握皇权、控制光宗朝政治,此举引起光宗的强烈不满。于是光宗与"官僚集团"结盟,排挤孝宗安排的理学家集团,但结果却是光宗难以承受来自孝宗与理学家的双重心理压力,导致精神失常。

虽然这时期的党争史是因为高孝光三朝皇权分立而产生的,一般的历史叙述会先讨论孝宗与光宗的权力冲突,然后将党争作为皇权分立的表现给予描述。但《朱熹》为了突出理学家在政治中的特殊意义,下篇先讨论理学家的"得君行道"的政治取向,然后描述权力世界中理学家因"以道学自负"而遭到的打压,以及孝宗与理学家、光宗与"官僚集团"的政治联盟,最后再揭示孝宗与光宗的冲突。这就使得原来依附于分立的皇权的宫廷政治史与党争史,转变为理学家高扬政治理想、在受挫后奋争、在流产后坚守的历史。事实上孝宗与理学家的关系,是否如《朱熹》所描述那样是单纯的结盟关系、两者之间有没有冲突与较量、具体的政治目标有何异同,以及孝宗、光宗、理学家集团、官僚集团各自的政治诉求与方略,这些政治诉求与方略在具体的政治局势与历史情境可能产生的效果与影响,这些一般治政治史者关注的问题，在《朱熹》中都被排除在讨论之外。全书并没有具体展现与孝宗"结盟"的理学家在孝、光两朝的政治表现，在描述孝宗与光宗的心理冲突之后，书中的叙述从权力斗争的世界抽离，开始环绕"皇极"的争论重新讨论政治理念的问题："官僚集团"将"皇极"理解为"中道"是为了苟且偷生，而理学家将"皇极"理解为"圣天子建皇极以临天下"就是为了与君主"共定国是"，是政治主体的体现，特别是理学家用"无极"来描述"太极"，如果落实到政治秩序上，则"君"只能是一个"无为而治"的"虚君"。

除了揭示了理学家的"皇权"观中包含的"虚君"理念之外，在全书的上篇，余先生还将理学家的这种理念以宋代以来士大夫阶层整体性的政治文化追求连贯起来，也就是说朱熹等理学家的皇极观，是宋初以来士大夫阶层追求政治主体地位、重建社会秩序的一种具体的历史表现。具体地讲，宋初士大夫即独立提出了超越皇权的政治理想：回向三代，以尧舜期许当朝君主；而宋初朝野期盼承平日久，君主对士人有所期待，导致"士"阶层政治地位提高，以致"士"阶层以天下自许，期盼以"同治天下"之姿态，与君主"共定国是"。而在上篇的"绪说"部分，余先生更从道统、古文运动和佛教的经世情怀三方面，将士大夫的政治文化传统追述到了唐代乃至先秦的儒家文化。这样，从下篇到上篇各章再到上篇"绪说"，经过层层的内涵的发掘与意义的升华，在"自序"中余先生便可以明确地点出"宋代士阶层是政治主体"这一主题了。

二

从历史学的视角来考查，《朱熹》的贡献首先在于对南宋前期高、孝、光三朝的宫廷政治史仔细梳理，以及对孝宗、光宗冲突的心理分析。但是孝宗晚年与理学家的结盟是否如余先生所描述的那样纯粹，仍有讨论的余地，特别是孝宗晚年部署之一的"周必大、留正、赵汝愚三相"中，留正与理学家的关系是否如余先生描述的那么紧密，如何理解留正与周必大的冲突，这些问题《朱熹》并没有仔细处理；关于光宗的失常，《朱熹》所揭示的"责善则离"即与孝宗的心理冲突因素，是否足以取代一般关注的皇后李氏的因素，可能也需要进一步论证。不过更为关键的是，治史者可能不太习惯将孝宗与光宗的冲突解释成崇高的理学家与平庸的"官僚集团"之间的对立，而更倾向于将冲突理解为单纯的权力斗争，"孝宗以太上皇的身份所进行的这一人事部署与围绕光宗的反道学势力所进行的反部署，其性质并不在于'求治愈新'，而在于皇权与皇极各自'党立'的表现"。[1]但无论如何，《朱熹》一方面极大地推动了南宋政治史研究，另一方面《朱熹》的主旨并不是解剖南宋政治史的具体过程，因此本文无意过多地讨论《朱熹》一书中的政治史细节。

《朱熹》的主旨是确立宋代士大夫的政治主体地位，论证过程中值得商榷的地方恐怕在所难免，这里试举几端。

第一，关于宋代士阶层的地位。第二章"宋代'士'的政治地位"，"在这一章中，我们要对士在宋代何以取得了较高的政

---

[1] 沈松勤：《南宋文人与党争》，北京：人民出版社，2004年，第109页。

治地位，提出一些历史的说明"（第 199 页）；可见余先生是将宋代"士"阶层政治地位的提升，作为一个需要解释的事实，而不是作为需要论证的命题来处理的。但通观全书，余先生并未对"士"阶层作明确的界定，从《朱熹》的语境来推测，似乎只有将余先生所谓的"士"理解为科举制度下的"士人阶层"，全书的观点才能让人理解，也就是说先秦孔孟这样的儒家圣贤、西汉的董仲舒、六朝隋唐的所谓士族，都不在余先生的比较范围之内。而对于宋代"士"政治地位提升的解释，余先生有这样一段解释：

> 科举制度在长期推行中，对于参加进士试的人往往造成一种巨大的心理压力，激发或加深他们的责任感。这也许可以部分地解释，为什么宋代进士出身的士大夫在国家认同的意识方面，一般地说，远比唐代深厚。不仅如此，我还要进一步指出，当时一般的社会心理早已盼望着士阶层复出，承担起重建社会秩序的功能。宋初的文治取向正是对于这一社会心理的敏锐反应。换句话说，赵宋王朝为了巩固政权的基础，也不能不争取遍布全国的士阶层的合作。（第 208 页）

问题是"只能马上得天下，不能马上治天下"是中国古代政治常识，"天下英雄尽入吾彀中"是否同样说明君主需要与士阶层合作？姑且不论宋代的士大夫是否比唐代具有更为深厚的国家认同意识，问题在于更为深厚的国家认同意识是否能说明士大夫政治地位的提升？关于士人地位的问题，王安石曾有这样一段论述：

然而今之士，不自进乎此者未见也，岂皆不如古之士自重以有耻乎？古者井天下之地而授之氓，士之未命也，则授一廛而为氓，其父母妻子裕如也。自家达国，有塾，有序，有庠，有学，观游止处，师师友友，弦歌尧舜之道自乐也。磨砻镌切，沉浸灌养，行完而才备，则曰："上之人其舍我哉？"上之人其亦莫之能舍也。今也地不井，国不学，党不庠，遂不序，家不塾，士之未命也，则或无以裕父母妻子，无以处。行完而才备，上之人亦莫之举也，士安得而不自进？呜呼，使今之士不若古，非人则然，势也。势之异，圣贤之所以不得同也。孟子不见王公，而孔子为季氏吏，夫不以势乎哉。士之进退，不惟其德与才，而惟今之法度，而有司之好恶，未必今之法度也。是士之进不惟今之法度，而几在有司之好恶耳。[2]

用今天的话说，王安石认为古代的士人因为有经济基础而无求于官府，"当今"的士人因没有经济基础而不得不有求于官府，以出仕为谋生之手段。如果宋代士大夫的处境真如王安石所描述的"今"之士那样，那么余先生强调的宋代士大夫地位的提高又如何解释这种现象呢？

　　第二，关于"同治天下"：在第三章"同治天下——政治主体意识的显现"中，余先生提出：

　　　先秦的士主要是以仁（亦即道）为己任，易言之，他们

---

[2] 王安石：《进说》，载吕祖谦：《宋文鉴》卷一〇七。

是价值世界的承担者，而天下则不在他们的肩上。

　　无论是"以天下风教是非为己任"还是"澄清天下之志"，都与"以天下为己任"有微妙的差异。如果用现代观念作类比，我们不妨说"以天下为己任"涵蕴着士对国家和社会事务的处理有直接参与的资格，因此它相当于一种"公民"意识。这一意识在宋以前虽存在而不够明确，直到"以天下为己任"一语出现才完全明朗化。（第211页）

但余先生又提出：

　　道学与政术是一体的两面，根本不能分开。（第120页）
　　道学家为什么念兹在兹地要重建一个有道的人间秩序，并且从整顿治道开始，道学家把这个责任放在士阶层的身上，因为他们是与君主同治天下的人。（第121页）

虽然宋儒对"道体"的阐发比之前更具"本体论"和"形而上学"的意味，但毕竟是通过对先秦的儒学经典如《大学》、《中庸》、《尚书》的阐发实现的，"道学与政术是一体的两面"难道不是贯穿于整个儒学思想史，而是到宋代才提出的新义？儒家的"天下"或"人间秩序"无非是通过教化而实现的符合儒家伦理的"天下"或"人间秩序"，既然没有超越于"风教"的天下秩序，"以天下风教是非为己任"与"以天下为己任"又有何本质的区别？

　　"为与士大夫治天下"，语出《续资治通鉴长编》卷二二一（"熙宁四年三月戊子"条）：

彦博又言："祖宗法制具在，不须更张以失人心。"上曰："更张法制，于士大夫诚多不悦，然于百姓何所不便？"彦博曰："为与士大夫治天下，非与百姓治天下也。"上曰："士大夫岂尽以更张为非，亦自有以为当更张者。"（《朱熹》第 221 页）

这段记载中文彦博提出变法"失人心"，可见君臣讨论的是政策的利益诉求，并非政治主体的问题。神宗反驳称，变法虽然引起士大夫阶级的抵制，却受百姓欢迎，自然是将"士大夫"与"百姓"视为两个对立的社会阶级。不料余先生提出"我们不能误将神宗口中的'士大夫'和'百姓'看作两个对立的社会阶级"，言下之意余先生不能接受神宗将"士大夫"与"百姓"对立的观点，但以此并不能否认宋神宗的主观判断就是将两者对立起来。文彦博则指出政策应当以士大夫利益诉求为导向，原因就是"为与士大夫治天下，非与百姓治天下也"，因为君主"与士大夫治天下"，所以政策（法制）应该符合士大夫的利益诉求，不失士大夫的"人心"、于士大夫"为便"，等于承认了"士大夫"阶层与"百姓"的利益差别。而余先生认为"从社会背景说他们则来自'百姓'中的各阶层"，推导出"上引文献中不仅'士大夫'没有社会阶级的含义，'百姓'更不能笼统地理解为阶级的指称"（第 221 页），姑且不论余先生这样的判断是否准确，至少这只是余先生的观点，而不是文彦博在这段话中表达的意思。

余先生又引用王安石《虔州学记》中"道隆德骏者……虽天子北面而问焉，而与之迭为宾主"来推论"有道之士"与"天子""处于完全平等的地位"，但书中并未将相关史料引用完整。

王安石《虔州学记》，序言介绍虔州概况及虔州州学的来历，然后阐发尧、舜、三代理想之"学"，其谓：

余闻之也，先王所谓道德者，性命之理而已。其度数在乎俎豆、钟鼓、管弦之间，而常患乎难知，故为之官师，为之学，以聚天下之士，期命辩说，诵歌弦舞，使之深知其意。夫士，牧民者也。牧知地之所在，则彼不知者驱之尔。然士学而不知，知而不行，行而不至，则奈何？先王于是乎有政矣。夫政，非为劝沮而已也，然亦所以为劝沮。故举其学之成者，以为卿大夫，其次虽未成而不害其能至者，以为士，此舜所谓庸之者也。若夫道隆而德骏者，又不止此，虽天子，北面而问焉，而与之迭为宾主，此舜所谓承之者也。蔽陷畔逃，不可与有言，则挞之以诲其过，书之以识其恶，待之以岁月之久而终不化，则放弃杀戮之刑随其后，此舜所谓威之者也。盖其教法，德则异之以智、仁、圣、义、忠、和，行则同之以孝友、睦姻、任恤，艺则尽之以礼、乐、射、御、书、数。淫言诐行诡怪之术，不足以辅世，则无所容乎其时。而诸侯之所以教，一皆听于天子，命之教，然后兴学。命之历数，所以时其迟速；命之权量，所以节其丰杀。命不在是，则上之人不以教而为学者不道也。士之奔走、揖让、酬酢、笑语、升降，出入乎此，则无非教者。高可以至于命，其下亦不失为人用，其流及乎既衰矣，尚可以鼓舞群众，使有以异于后世之人。故当是时，妇人之所能言，童子之所可知，有后世老师宿儒之所惑而瘖者也；武夫之所道，鄙人之所守，有后世豪杰名士之所惮而愧之者也。

尧、舜、三代，从容无为，同四海于一堂之上，而流风余欲
咏叹之不息，凡以此也。[3]

余先生引王安石文，引文裁剪自"夫士，牧民者也"始，至
"此舜所谓'承'之者也"，据此余先生又认为：

> 这一段文字借一种假想的政府起源论立说。最可注意的
> 是它肯定在"先王有政"（所谓"设官分职"）以前，"士"
> 的功能早就是"牧民"了。（第225页）

余先生似乎从王安石的引文中发现了一种"士人创造政治"的理论：

> "士大夫"自始便是直接"为天下"、"为万民"而存在
> 的，并不是因为"君分吾以天下而后治之，君授吾以人民而
> 后牧之"。（第226页）

然而这里余先生省略了"夫士，牧民者也"之前一段非常关键的
话："余闻之也，先王所谓道德者，性命之理而已。其度数在乎
俎豆、钟鼓、管弦之间，而常患乎难知，故为之官师，为之学，
以聚天下之士，期命辩说，诵歌弦舞，使之深知其意。"王安石
的观点，"道德"、"性命之理"等所谓的道体，最初是由君王掌
握，并且以此创置学校教育"天下之士"，又有士"学而不知"，
君王又"于是乎有政"，以正士人之学。可见君王不但是"政"

---

[3] 《王文公文集》，上海：上海人民出版社，1974年，第401页。

的创立者，同时也是"道"的源头，因此贯通上下文意，易知王安石所谓"牧民之士"，既不能优先掌握"道德性命"而须受先王之学，又不知如何应用先王之学而须受先王之政。然后王安石又依据"学"的程度将士分为四类，学成者为卿大夫，平庸者为普遍之士，道隆而德骏者虽天子北面而问焉，蔽陷畔逃而终不化者则放弃杀戮之，讨论的是君王待士之道，即使士有"道隆而德骏者"，也无法改变君王"为学""有政"，即在政治文化中的绝对地位。这也是王安石此文试图宣扬的主旨，即君王才是政治文化的唯一、绝对的主体，而"士"阶层只能是君王意志的接受者与传播者，即所谓"诸侯之所以教，一皆听于天子，命之教，然后兴学"。当然这只是王安石对尧、舜、三代道统与政统合一状态下理想之学的描述，从余英时所谓宋代士大夫"回向三代"的观点来理解，或者也可以理解为代表了王安石的政治理想与现实主张，这就是王安石在下文所谓的"今之守吏，实古之诸侯，其异于古者，不在乎施设之不专，而在乎所受于朝廷未有先王之法度；不在乎无所于教，而在乎其所以教未有以成士大夫仁义之材"[4]。总之王安石的理想是让君主优先掌握性命之学与先王法度，然后化成士大夫，在这样的基础上，"道隆而德骏者"即使可以在天子前面南面而师，其意义也在于帮助君主重新掌握道统，即使师儒可以自称掌握道统，也因为与政统的分离而构成一种令人紧张的残缺状态，而正常的状态正在于道统的回归与政统合一，师儒重新回到被君主教化的地位中。

如余先生所揭示，王氏新学与理学之间既有传承也有变异，

---

[4] 《王文公文集》，第 402–403 页。

余先生认为关于士人的政治主体地位，理学继承了王氏，两者的差别仅体现在对"性命之理"的具体阐释。但事实上两者的差异恰体现在士与皇权的权力关系上，王氏所扮演的是帝王之师的角色，他的政治文化理想是为皇权重建性命之理的内涵，只有理学家才试图构建本体论、形而上学意义上的"道体"，将皇权纳入到"道体"的体系中。而两者同样无法超越的是，无论皇权与道德、性命之理的关系如何，在儒家的政治文化体系内，永远都无法改变皇权在政治上凌驾于士人之上这种现实的政治局面。遗憾的是《朱熹》并未能为我们揭示这其中的微妙曲折。

三

在《朱熹》上篇绪说的最后一段话，余先生交代了全书的学术史脉络及其立意：

以往关于宋代理学的性质有两个流传最广的论点：第一，在"道统大叙事"中，论者假定理学家的主要旨趣在"上接孔、孟不传之学"。在这一预设之下，论者往往持孔、孟的"本义"来断定理学各派之间的分歧。第二，现代哲学史家则假定理学家所讨论的相当于西方表上学或宇宙论的问题。根据这个预设，哲学史家运用种种西方哲学的系统来阐释理学的不同流派。这两种研究方式各有所见，但却具有一个共同之点，即将理学从宋代的历史脉络中抽离了出来。我在这篇"绪说"中所采取的则是另一预设。我假定理学家上

承宋初儒学的主流，要求改变现实，重建一个合理的人间秩序；整顿"治道"则构成了秩序重建的始点。（第 183 页）

其实，在传统中国，儒学本来就是一种政治文化，只是在近代西方学科体系下，儒学被格义为哲学，才成为一门形而上学或者伦理学，从而在"哲学（史）"的学科体系内与政治脱节。而在近代以来中西方的史学研究中，儒学的现实政治取向本来就是一个核心的命题，其中教条马克思主义史学将新学与理学之争解释为地主阶级革新派与大地主阶级顽固派之间的斗争；刘子建将新学、理学之变视为中国政治与文化性格从激进扩张向保守内向转变的契机；包弼德将理学与唐宋以来中国社会与政治社会中地方精英的兴起联系起来考察；葛兆光虽然指出理学是政治文化中的一种高调的理想主义，但主要是从"文化重心与政治重心的分离"来立论，强调的理学与代表"社会"的士绅阶层的关系，而不是理学与代表"道体"的士大夫之间的关系；而关长龙则从政治史的视角考察了"道学"的历史命运，并指出在历史世界中，"道势之争在一种没有完善的政治改革特别是触及当时皇权的政治改革的情况下，真正的外王建设是不可能成功的。随着现实皇权腐败的逐步加深，道学的践履重心也由前一时期的整合学术以重振体用之全面转向了为求生存而直面皇极与宵小联合势力的斗争，然新政之初所倡导的公议之说终于化为文具，阳崇阴抑的上位者与阿政者所共建的纵私欲壁垒，也最终彻底窒息了道学公议使万物各得其所的努力"[5]。或许在余先生看来，以上这些

---

[5] 关长龙：《两宋道学命运的历史考察》，上海：学林出版社，2001 年，第 465 页。

有关宋代理学的研究并非"流传最广的论点"因此不必予以讨论，但至少余先生给出的"另一预设"即"假定理学家上承宋初儒学的主流，要求改变现实，重建一个合理的人间秩序"，是史学界研究的基本前提，而不需要通过立说著作予以论证，真正需要研究的是理学家试图如何改变现实、重建什么样的"合理"的人间秩序。也只有揭示了理学家需要重建什么样的"合理"的人间秩序，才能帮助我们在历史的情境中理解理学家的活动，舍此而揭示宋代士大夫"政治主体"意识的显现以及"秩序重建"的特征，未免是另一种"将理学从宋代的历史脉络中抽离了出来"。毕竟在理学家的思想世界中，不存在"政治主体"概念，而"秩序重建"是任何一个统治者都需要做的事情——如果不讨论重建什么样的秩序的话。

余先生又揭示，张载指出"朝廷以道学、政术为二事，此正自古之可忧者"，把"道学与政术是一体的两面，根本不能分开"的意思说得极为透彻（第119–120页），从而论证"道学家为什么念兹在兹地要重建一个有道的人间秩序，并且从整顿治道开始，道学家把这个责任放在士阶层的身上，因为他们是与君主'同治天下'的人"（第121页），而"同治天下"又是余先生讨论士大夫政治主体意识的关键环节。这里需要追问的是，余先生所谓的"政治主体"究竟何指？宋代"朝廷以道学、政术为二事"，而理学家试图将"道学与政术"合二为一，并以"道学辅人主"，余英时以此论证理学家或者士大夫的政治主体地位——显然，理学家是以"道学的主体"以及"道学与政术的合二为一"，间接地实现道学家或者士大夫的政治主体地位的。或者说，士大夫虽然希望与君主"同治天下"，但他们论证自己与君主"同治天下"的合法性，是在"道体"这个层面上兜了一圈而达成的，缺了这一层，士大夫的"政治主体"地位也就无所依凭了。问题是，通过"道体主体"而实现的"政治主体"地位与"政治主体"地位本身是否有所区别？或者说，"以道学辅人主"、"同治天下"中所体现的又是怎样一种"政治主体"地位？与现代政治意义上的"政治权力"是否存在着区别？"以道学辅人主"所体现的"政治主体地位"是否就是帮助君主统治民众的"主体地位"？

四

如前所述，余先生的《朱熹》不是一般的史学研究，而是一个独特的政治文化的文本，这部著作向我们提出了一个无法回避的问题，即应该如何对待宋代以来士大夫们所创建的理学的政治文化遗产。近代以来，我们曾经将其视为政治专制主义的祸首、地主阶级统治民众的思想工具、士绅阶层守护"社会"抵制皇权过度侵犯的思想武器，以及知识分子在政治上限制皇权的软弱无能的思想体系。余先生的《朱熹》无疑为种种有关理学的政治解释提供了一套新的解释体系，但这套体系是否成功，一方面取决于余先生提供的解释模式在多大程度上符合历史本身的发展脉络，另一方面也取决于我们对现实政治的取向。从后一种意义上讲，如果今天我们的政治诉求仍然遵循着"以道学辅人主"的模式，《朱熹》的现实的政治文化意义可能会突显出来。但是，无论在政治或文化上，如果今天我们的诉求不再是"以道学辅人主"的师儒，而是试图构建一种建立在市场经济与市民社会基础上的政治文化，又应该如何去对待传统中国儒学的政治文化遗产，在史学的领域，又应如何去重新解读一部中国儒学史呢？

这里提出两点很不成熟的看法。

首先，以儒学为代表的中国社会秩序构建的原理，与西方文明的根本精神有相异之处，这就是所谓的社会关系的特殊主义与普遍主义的区分。宋代理学家构建"道体"或者"天理"这样抽象的本体论的概念，并不能改变儒学以宗法伦理构建社会关系与秩序的基本模式。按儒学的理念，社会（群）是由各种人伦关系构成的关系网的整体，人伦关系具有本体的地位；而按现代西方的观念，社会是个人根据契约关系构成的联合体，个人权利具有本体的地位，社会的联合只是实现个人权利的工具或手段，这是中西方文化精神的区别在社会观念上的体现。两种不同的观念并没有价值或意义上的优劣，但是儒学的社会观，与西方近代以来形成的自由主义的市场经济观念、以个人权利为基础的民主政治观念，的确存在着内在的抵触。

其次，虽然西方社会的现代性是以一种裂变的形式出现在人类历史上的，现代性的含义无论多么含糊，其与传统的区别仍然清晰可辨。但不能因此认为，现代社会是以取代传统社会的方式出现的，事实上所谓的现代性是从传统社会中滋长、裂变并且以一种与传统社会依存的方式而出现的。市场经济、民主政治与自由主义观念，作为现代性最主要的表征，并不能构成一个完整、充分的社会。在现代西方，基督教的宗教信仰、社会团体的自治力量，乃至各种所谓的反现代性的思潮，都可以视为现代社会构建的"传统基础"。抽空了这样的"传统基础"，纯粹的现代性可能造就一个空洞、无价值根基的现代社会。

　　根据以上两点基本判断，个人认为，今天我们发掘儒学价值的方向，并不在于疏通儒学与现代性的隔阂，而是在于中国社会引入"现代性"、构建现代社会过程中，充实社会的"传统基础"。无疑，这个过程中，传统基础是作为现代社会中的人的需求而重新确立的，现代性与传统基础必然有一个相互适应的过程，儒学必须依据"现代性"的"人"或"社会"的传统需求而重新确立其价值与意义。同时现代社会必然是一个多元的社会，作为传统基础的儒学也必然面临着被"现代性"的"人"或"社会"自由选择的境遇，也就是说儒学必须接受自身的价值理念被相对化的现代命运。这样的观念投射到儒学史的研究，或者就是将儒学作为中国历史上特定人群为实现特定精神、文化或社会的目标而利用的一种文化资源来考察，而且即使儒学占据着传统文化的主流地位，也不过是多种文化资源中的一种而已。

评吕妙芬《孝治天下:〈孝经〉与近世中国的政治与文化》

赵四方（复旦大学历史学系）

> 吕妙芬:《孝治天下:〈孝经〉与近世中国的政治与
> 文化》，台北：联经出版事业公司，2011 年，408 页。

继《胡居仁与陈献章》（1996）与《阳明学士人社群：历史、
思想与实践》（2003）之后，台湾学者吕妙芬先生又推出了倾注
七八年心血的《孝治天下:〈孝经〉与近世中国的政治与文化》。[1]
该书以广阔的视野与多元的视角，将《孝经》在近世中国的历史
变化及其相关的学术、政治、宗教等诸多面向予以呈现，同时又
以《孝经》的近世史来理解中国孝文化深刻而丰富的意涵。应当
说，《孝治天下》不仅弥补了晚明以后《孝经》史研究的一些空
白，而且在多元视角的观照下，使得文义看似浅近的《孝经》与

---

[1]　以下该书简称《孝治天下》，引文只附页码。

内涵看似普通的孝文化，在与历史、政治、社会、宗教等外部环境的互动中显得立体生动、深刻充实。这无疑推动了《孝经》与孝文化研究的学术进展。

一

《孝治天下》的大部分篇章都单独发表过，此次作者将其结集成书并予以补充修订，因而该书显得更具系统性，展示了作者试图全方位、多角度探讨近世以来《孝经》与孝文化发展变化的学术愿望。该书共分三部分，第一部分"宏观历史背景"（包含第一、第二章）从近世家族的变迁和《孝经》文本定位的变化两方面来为后文论述张本；第二部分"晚明的论述与实践"（包含第三、第四、第五章）和第三部分"晚明到民初的变化"（包含第六、第七、第八、第九章）则大致依照时间顺序从学术、政治、宗教等多角度对近世《孝经》和孝文化进行具体阐述。

在第一章中，作者在先前学者研究的基础上，指出宗族文化在宋代以后尤其是16—18世纪，在教育、伦理、职能、组织等方面发生的"最关键的变化"（第34页），进而从旌表与圣谕、家训与族规、孝子传的流传、果报观的深植等四方面来论证孝的教化已经成为"稳定政治、社会秩序的核心价值"（第51页）。此章论述意在说明，宋代以后孝的教化在帝国和宗族的双重推动下普遍存在于社会之中。在这一背景之下，作者提出了《孝经》的文本定位问题。作者发现，《孝经》的文本定位在宋代以后发生了变化。一方面孝的教化逐渐在社会领域向下推移，史料中可以看到更多的士人家庭中的女性受到《孝经》的教育；另一方面则是《孝经》逐渐失去士大夫借以议论朝政的核心地位，而日益沦落为蒙学的一部分。作者明确指出"这些史料正反映着女教逐渐从帝王贵族世家扩散到士、庶阶层的变化"（第 60 页），而对于《孝经》似乎淡出士人传记书写的现象，则认为"绝不意味着《孝经》真的在近世中国的男性教育中缺席"（第 68 页）。除此之外，作者特别指出，《孝经》"或许因作为蒙学与女教的读本，因被用以教化庶民，而更广泛地接触民众，但它在中央政治议论与士人文化的重要性却明显下滑，失去了传统作为政教治统纲领的地位，甚至连儒家经典的地位都遭受质疑"（第 96 页）。

　　作者的观察无疑是符合历史的。周予同先生早在 1936 年就指出："在两汉时代，《孝经》的地位非常的高，它可以和孔子的《春秋》相并。但到了宋代，《孝经》的地位就摇动而跌下来了；它从《春秋》的地位跌到了《礼记》和《大戴礼记》的怀里，成为《儒行》、《缁衣》、《坊记》、《表记》的兄弟行。"[2]《孝经》的地位何以在宋代会出现如此"降格"，周先生没有直接给出造成这一现象的原因。然而被历史描绘为昏聩无能的昌邑王刘贺，在即将下位时竟然脱口便出"天子有争臣七人，虽无道不失天下"（《孝经·谏争》）；前期统治颇为人称道的唐玄宗，不仅在开元七年（719）诏令群儒"质定今古"，而且其后又两度颁行《孝经》御注——这都充分说明了《孝经》在汉唐朝堂上的地位之高。至于宋代以后便不同了，很少见到士大夫在议论朝政之时援引《孝经》，在《孝治天下》一书的描述中，《孝经》的地位在蒙书中尚

[2]　周予同：《〈孝经〉新论》，收于朱维铮编校：《周予同经学史论》，上海：人民出版社，2010 年，第 336 页。

不如《小学》，甚至在晚明已经到了"市坊无售"、"束之高阁"的地步，更遑论侧身于《儒行》、《缁衣》之列。

问题的关键是如何解释这一史实。作者试图从近世蒙学教育的角度揭示其中缘由，指出"朱子等理学家规划为学次第的影响"和"近世蒙学教材推陈出新"的两大原因。针对这两个原因，或可追问，既然它们均不能否定《孝经》在士人阅读经历中的消失，那么导致这部书不再引起士大夫借以议论朝政的根本原因究竟是什么？《孝经》沦为蒙学著作，何以必然导致它在朝堂之上的消失——汉代朝廷羽林郎及匈奴质子不也都曾习《孝经》吗？《论语》自汉以来也一直被用来训蒙，何以并未影响到它的议政功能？中唐以后的朝堂之上，伴随周予同先生所谓"《孟子》升格运动"的过程中，是否尚有一个"《孝经》降格运动"？如果存在，那么这两者又究竟是一种什么关系？历史的转折时期无疑又落在了唐宋之间。当然，唐宋之间的《孝经》学不是《孝治天下》关注时期内的话题，作者也偶尔流露出对该时期《孝经》学历史变迁认识的不确定性，比如有关《孝经》与孝文化在唐宋之间变化的论述似有不足，对《孝经》出现在"政治礼仪、教化、朝议辩论、宗教诵读、驱鬼、医疗等活动"的具体时期，一定位于"唐以前"（第78页），再定位于"宋以前"（第95页），似乎也不够精确。然而作者已经意识到"《孟子》地位的提升与《孝经》的受黜，与韩愈之后到整个宋明理学兴起之学术思想、道统内涵，以及对经典的看法均有密切关系"（第105页），或许因为题旨所限，尚未给出鞭辟入里的讨论。唐宋之间《孝经》学的转折历程，以及与其他诸经典历史地位变化的关系，甚至它们的浮沉对后世的影响，或许是值得深入细论的大问题。

二

作者在《孝治天下》的第二部分和第三部分中探讨了诸多话题。这些话题不仅包括《孝经》经注的汇总刊刻、经文诠释的理路演变，而且包括《孝经》学与政治的互动交织、士人富有宗教性意涵的践履工夫、《孝经》与其他宗教类典籍的合刊流布、清末民初主流思想界和地方团体对孝与《孝经》的认识，等等。这诸多话题似可分为两大类，一类有关学术与政治，一类则有关宗教。《孝治天下》的主要内容或许可以看成是对这两类问题分别展开的颇具历史性的论述。

本书涉及《孝经》学术与政治的章节（包含于第三、第四、第六、第七章），将晚明以来"学"与"政"的互动关系以《孝经》为凝聚点呈现出来。根据作者的观察，晚明的《孝经》学者普遍有一种沉重阴郁的危机感，他们对《孝经》沦为蒙书的现状极为不满，对士大夫轻视《孝经》的做法极为反对。以朱鸿、孙本为代表的学者，相信《孝经》承载着圣人之道，关乎万世太平，他们整理汇刻、努力钻研《孝经》类著作，并上疏请求恢复以《孝经》命题的考试制度。作者同时发现，这些身处阳明学流行时代的《孝经》学者，充分引用良知学来讨论经文。朱鸿与褚相都发表过将"孝"等同于"良知"的言论，虞淳熙的孝论与罗汝芳、杨起元的孝道观也有着极其明显的呼应之处。晚明《孝经》的诠释，甚至"呈现了阳明学观点凌驾于朱子学观点的现象"（第258页）。这应当被视为阳明学在影响力上的扩张，与当时总的学术潮流是一致的。[3] 以良知之学来诠释被排除于科举之外的《孝经》，进而通过上疏要求改变《孝经》的地位，这不得不说是学术对政治的一种重要影响。

晚明清初的《孝经》学，被作者归纳为两大变化趋势："过滤阳明学"和"诠释观趋于一元"。顺治年间，《孝经》恢复了科举中的地位，康熙与雍正又分别御纂了《孝经》注解，这种来自政治的强大势力使得《孝经》学诠释的基本路径发生了改变。作者选取了晚明《孝经大全》的作者吕维祺的家乡河南与阳明学曾经兴盛的浙江两地，指出在清初的政治文化环境下，前者的《孝经》学"极力过滤掉其中的阳明学观点"（第 243 页）；而后者的《孝经》学中浓厚的阳明学色彩也"终究难以获得全面的保留"（第 247 页）。不难发现，晚明清初的《孝经》学是符合经学整体的变化面貌的，尤其是体现朱学定于一尊特色的《御定孝经衍义》的颁布，更是深刻影响了之后的《孝经》学著作，多元纷呈的诠释观终于被纳入到了官方意识形态的阴影之下。从作者在政治对学术的干预这一视角下进行的深入分析中，可以看出《孝经》学的变化趋势与清初思想界的一般变化是吻合的。

作者对政治与学术的双向互动的考察是深刻的，而从学术史本身的角度看，《孝治天下》也不乏新见。作者通过考察晚明《孝经》著作，指出当时学者持有反对朱熹质疑和改动《孝经》文本的意见，他们并未对朱熹《孝经刊误》表现出特殊的尊崇之意。作者的这一考述，无疑弥补了以往《孝经》学术史研究的不足。

---

[3] 参看邓志峰：《王学与晚明的师道复兴运动》下编《在朝王学——王与朱共天下》中的有关论述，北京：社会科学文献出版社，2004 年。

在讨论《孝经》命运的问题时，作者将"今古文问题"与"科举政策"、"朱熹的质疑"并列，认为它们在晚明《孝经》学者的议论中是导致《孝经》沦为蒙书并遭受士人轻视的"关键性因素"。其实正如作者所说，这几个因素的关键性"或可再议"（第104页）。其中"今古文问题"似乎尤为值得讨论。自从南宋黄震发表"《孝经》一耳，古文、今文特所传微有不同"的平允看法，[4] 明代学者并未对此喋喋不休。明初的宋濂持有这样的看法："古今文之所异者，特辞语微有不同，稽其文义，初无绝相远者，其所甚异唯《闺门》一章耳。诸儒于经之大旨未见有所发挥，而独断断然致其纷纭若此，抑亦末矣。"[5] 这分明呼应着黄震的说法。与宋濂同时的王祎也认为"古文、今文及《刊误》三书虽皆行世，而学者皆习而不察……次其先后，且删汉、唐、宋诸家训注附于古文之下，刻本以行……是书大行，其必人曾参而家闵损，有关于世教甚重，岂曰小补而已"[6]。明初的一些大儒并不认为《孝经》的今古文差异是异常重要的问题，反而认为经义内涵是最为关键的，同时他们也并未将今古文问题与《孝经》的地位联系起来。这些看法与晚明《孝经》学者的观点是一致的。作者所概括的晚明《孝经》学者"主张应回归经旨大义，不应纷纷于字句之辩"（第111页）的观点早在明初已有学者鲜明提出，而从作者的论述中也可以看到，虽然晚明《孝经》学者常常提到"今古文问题"，然而似乎很少看到他们直接将这一问题与《孝经》地位的下降建立起关键性的因果联系。如何从历史本身说明

[4] （宋）黄震：《黄氏日抄》卷一《读〈孝经〉》，影印《文渊阁四库全书》，第707册，第2页。

[5] （明）宋濂：《宋濂全集》第二册，《銮坡后集》卷三《孝经集善序》，杭州：浙江古籍出版社，1999年，第622-623页。

[6] （明）王祎：《王忠文集》卷五《孝经集说序》，影印《文渊阁四库全书》，第1226册，第102页。

今古文之争与近世《孝经》地位下降的关系问题，或许是值得进一步思考的。

三

晚明以前的历史早已表明，虽然儒、释、道三教在"孝"的问题上有冲突和辩论，然而恰恰呈现出在冲突中融合、在辩论中统会的局面。唐代的宗密即以为《盂兰盆经》在讲孝道，金代的王重阳更是劝人诵读《孝经》，这使人不得不相信"孝"的宗教性意涵并不限于被奉为儒家经典字句的"通于神明，光于四海"（《孝经·应感》）。因此，有关《孝经》的宗教性意涵及相关的践履工夫，自然是学者探讨《孝经》和孝文化史时不应回避的话题。在本书第四、第五、第八、第九章的部分内容中，晚明以来《孝经》学的宗教性意涵得以鲜明呈现。

相较于其师云栖袾宏，晚明的佛教徒虞淳熙所发出的光影未免被历史的尘埃覆盖，《孝治天下》第四章则成功地将虞淳熙颇具宗教气息的孝论与工夫呈现于读者面前。虞淳熙自撰《全孝图》与《宗传图》，前者以孝统摄天地万物；后者则认为道脉之正宗在孝道的传承。虞淳熙不仅勾勒了从伏羲始，历少昊、尧、汤、文王至孔子，复历曾子、子思、孟子至张子（张载）、王子（王守仁）的道脉谱系，而且在《全孝心法》中明确展现了自己的孝道工夫。虞淳熙于"孝"有知有行，作者将其特拈出来论证晚明《孝经》学的宗教性意涵，无疑是锐见。作者认为虞淳熙"终极目标在感通神明，故他十分看重如何透过工夫实践，达到与天地神明相交的境界"（第 168 页）。或许正是因为这一点，作者将虞淳熙与同样认为读《孝经》可以"感灵祇、致瑞应"的杨起元联系起来，共同作为注重《孝经》宗教性意涵的代表人物。作者努力将他们的孝论纳入三教融合的宗教背景和阳明学兴盛的学术背景中来理解，呈现了晚明《孝经》学的一个重要向度。

在《孝经》和孝文化的具体实践方面，作者在第五章《仪式性的实践》中有明确的论述。作者通过探讨吕维祺、杨起元、潘平格、许三礼、黄道周五个有关《孝经》实践的个案，认为"无论是观想、告天或祈雨仪式中的诵经活动，都明显具有与神灵沟通的目的，其仪式经验也都带有某种神应色彩"，也在特定情况下"具有与更高权威沟通的意味"（第 202 页）。这五个个案的研究是深入细致的，可以说是考察近世《孝经》与孝文化实践方面的既充满趣味又极富新意的独创研究。

晚明《孝经》注解中的宗教性意涵在清代并未得到延续。作者在第八章论述清代中晚期的《孝经》宗教性意涵之时，发现"就学者注释《孝经》的文字内容而言，《孝经》的宗教性意涵在明清之际有明显的断裂，在清代似乎有快速消失的趋势"（第 279 页），因此转而讨论"《孝经》与其他宗教教义结合、被宗教教团运用的情形"（第 280 页）。从作者的论述中，可以得知，清代中晚期的《孝经》在与其他宗教典籍合刊之时，往往只有经文而无任何注解；它也经常和二十四孝或其他孝子传故事汇刊，出版形式则多属劝善一类。直至清末民初，还可以看到在精英思想界对《孝经》的宗教性意涵进行扬弃的同时，一些地方社团往往仍强烈地维护着传统的孝治观念和《孝经》的宗教性意涵。作者认为，"有传统纬书神话的渊源，传统孝感神应和果报思想也很鲜明"的《孔圣孝经定全球》等著作，"至少在其所属的孔教团体与尊经会中被传播和研习"（第319–320页），因此它们也在传承传统孝与孝治的观念。

作者将清中晚期至民初的以善书形式出版的《孝经》类著作纳入到考察范围，无疑是对《孝经》研究的一种深入。然而或许值得发问的是，为何该时期很少出现体现宗教性意涵的《孝经》注解？除却王古初以道士身份著《孝经经解》一例，似乎很少看到这些活动与晚明虞淳熙、杨起元孝论的相呼应之处。换句话说，晚明虞淳熙、杨起元等人的孝论与实践，与清代中晚期刻印《孝经》以弘教或劝善的宗教活动，二者的"宗教性意涵"不是对等的。前者仍然可以归结为佛教和儒家内部的自觉钻研，注重义理的探讨和个人的修持；后者则是宗教集团向内教化和向外拓展的宣传活动，注重传播的广远和大众的信奉。虽然它们能够证明《孝经》从晚明到晚清同富宗教性意涵，然而却不能支撑清代中晚期的《孝经》"持续传承着宋元以来民间宗教教化的色彩"的结论（第286页）。倘若作者能对宋元以来民间宗教教化予以适当阐述，并详细说明体现宗教性意涵的《孝经》注解著作何以在清代快速消失，或许会使该部分的论述更为全面与精彩。

通贯全书来看，似乎仍有一些重要问题可以得到深论。比如，倘若能将《孝经》学在明代的变化与其他经书做一通观，或许更有助于理解哪些是这个时代学术的普遍性，哪些是具体学术的特殊性。再如，如果能进一步考察明清之际士大夫面临政权鼎革时的孝论与孝行，或许更能丰富我们对当时的历史认识。[7] 当然，这些问题或许需要专文或专书来讨论，但是它们确实是讨论近世《孝经》与孝文化史的应有内容，也是读者所深切期待的。尽管如此，本书无疑已经取得了在晚明以后《孝经》和孝文化变迁研究上的突破，尤其是对《孝经》与孝文化研究的新视角和新方向的开示，值得我们充分肯定。

---

[7] 有关这一问题，已有学者进行了较为深入的讨论，只是侧重探讨"忠"与"孝"的矛盾，与作者的视角不尽相同。参看何冠彪：《生与死：明季士大夫的抉择》第四章，台北：联经出版事业公司，1997年。

评安克斯密特《崇高的历史经验》

周建漳（厦门大学哲学系）

安克斯密特：《崇高的历史经验》，杨军译，上海：东
方出版中心，2011 年，406 页。Frank Ankersmit, *Sublime
Historical Experience*, Stamford university Press, 2005.

熟悉安克斯密特教授著述的人对其充满探索性的思想风格应
该都不陌生，按照同行的说法，作为当代西方史学理论和历史哲
学界资深望重的成员，他的思想每每运行在与主流思想平行的另
一轨道上。[1] 在这本 2005 年由斯坦福大学出版社出版的新著中，
这一点不仅得到了延续，甚至给人以更上层楼之感。如果说安氏
前此由《叙述的逻辑》到《历史表现》的一系列著作虽然已经
表现出与比如海登·怀特有异的学术旨趣和进路，但广义上仍属
"叙述主义"的范畴，那么，这本新著恰恰试图探究在"语言囚

---

[1] 参看：Hans Kellner, "Ankersmite's Proposal: Let Keep in Touch, "in: *Clio*, Fall 2006, Vol.36, Iss. p. 85, 18pgs.

笼"之外我们与过去的本真关系，这正是本书书名所示"历史经验""崇高"之所在。

在西方史学思想传统中，从古希腊到 20 世纪分析历史哲学，关于史学的认识论意识是一条贯穿始终的红线，以海登·怀特《元史学》为标志，始有当代历史哲学由认识到文本的"叙述主义"语言转向，弥补了前此一直存在的对语言的遗忘。关于历史终究是以文本为根本表现方式的领悟为关于历史的哲学反思打开了一片新天地，它令我们对许多传统问题如认识客观性问题的理解获得了新的视角，同时还提出了诸如史学与文学叙事的关系、历史语言与历史实在的关系等新问题、新观点。但是，不论是从认识还是语言文本的角度审视史学，都令人遗憾地"漏掉了……历史意识或历史感之维"（安克斯密特：《崇高的历史经验》，前言，第 2 页。以下凡出自本书的引文将径引页码）即历史经验的维度，而在安氏看来，今天不论是在史学（日常生活史、心态史等）还是哲学（心灵哲学、对艺术的哲学兴趣）中，均可以发现"对于几乎被遗忘和彻底边缘化的经验范畴……复兴的努力"，这构成他这本"致力于复活看上去已死去的经验概念"（第 5 页）的著作的学术背景。

说起来"经验"似乎是很普通的概念，但与通常所理解的感官经验不同，安氏提出的关于历史的经验基于心灵感受的"智性经验"（intellectual experience），（第 6 页）可以说是某种生命体验。前者是认识论式的，而后者是本体性从而与语言、真理无涉的。为了说明此一经验的切身"在体性"，他引证维特根斯坦"私人语言"论证中关于"疼"的讨论，在"疼"中，感受与存在、主体与客体是无可区分的，并且，正如维氏所说，我们有疼，但不能以像知道自己诸如有钱或有别的什么东西的方式说"我知道我疼"，理由之一，是对于类似于疼这样的切身经验，在认识论上至关重要的真假根本不是问题之所在，"真理或谬误的标准无法应用于我们面对世界（就此而言，也包括我们自身）时的经验"（第152页）。另外，跟亚里士多德《论灵魂》中所强调的触觉与听觉经验相似，"历史经验中存在着历史学家和过去的一种'交流'"，在此，"我们自身多多少少变得像感觉对象，正如海滩上的沙子会形成我们的脚的形状一样"。（第97页）

在通常意义上，经验只能是现在性的，是对那些"在这里"和"现在"向我们呈现的东西的感知，由于历史天生的非现在性，我们关于已逝过去的所有可能经验只能是关于历史遗存物的直接感知，大至长城、故宫，小至一杯一盏、一笔一砚，它们作为片断经验证据指向整体上早已不在场的过去世界，史家在此基础上借助推理、想象等能力在思维中尽力复原历史真相。这当然不是安氏念兹在兹的历史经验。且不论感觉经验在认知论王国中相对于理性、真理的低下地位，更重要的是，在这样的经验层面上，我们与本真历史之间天人永隔，而当我们以语言、理论上建构关于历史的认知图像时，事实上只能是与历史本身渐行渐远。"从认知真理的角度看，这种与过去的相遇并不存在，也不可能存在。"（第182页）相反，在历史经验不期而至的神秘（是的，神秘！）瞬间，"我们在历史的准本体裸裎状态中与其相遇"（第220页），此际，主客体之间的界限泯灭，仿佛恋人之间身心交融的惊艳体验。[2] 严格说来，这其实是无自我、无时空、言语道断，

---

[2] 前引那篇关于安克斯密特《崇高的历史经验》书评的题目就是《让我们触摸历史：安克斯密特的建议》。参看：Hans Kellner, "Ankersmite's Proposal: Let Keep in Touch".

"丧失意识的"（第 298 页）的出神状态，例如卢梭在《一个孤独的散步者的遐想》中、德国晚期浪漫主义诗人和小说家艾兴多夫在中篇小说《大理石像》中，以及历史学家布克哈特、本雅明等的著作中（分别见第 8 章和第 4 章）中所描绘的诸般体验。

为了理解两种经验的区别，安克斯密特提出的"科学家"与"工匠"的区别是很有帮助的。科学家当然也是从经验出发的，但科学（认识）在根本上与本真经验相隔，它是以感官经验材料为垫脚石，在此基础上从事理论抽象。相反，对工匠来说，他们始终只在经验表层上"与自己的材料'相遇'"（第 87 页）。在此，木匠对木头的经验知识不是"比重"、"化学性质"之类的科学理论，"一旦工匠离开了表面，开始沉思自身或材料的（物理）性质，他们就再也做不出任何有价值的东西"（第 87 页），这情形大概就像一只鱼开始考虑水的化学结构时反而与水不亲。（走笔至此，不由想起《庄子》中的"庖丁"和"轮扁"诸君。）

这种本体性的经验其实与我们在艺术中遭遇的审美体验属于同一类型（本书第六章以专章讨论杜威"[实用主义]审美经验与历史经验"），在以下这些方面，崇高历史经验与审美经验有异曲同工之妙：其一，经验都是被经历的，而非存在于主体的知解中；其二，具有启示性的特征；其三，具有毋庸置疑的真实感或者叫自明性[3]；其四，是超语境化或解语境化的，也就是说，它是在心灵挣脱详熟语言套路的情况下发生的，亦无法用标准化的语言来表达。（参见第 197–198 页）当然，艺术经验与历史经验在与感官经验相对的意义上具有感应方式上的"家族相似性"，

---

[3] 经验直觉不可混同于理智直观，"在历史经验的情况中，历史学家的心灵被过去型塑，而历史洞见则相反，它是由历史学家给予过去以形式"（第 100 页）。

但二者毕竟不是一回事，艺术经验是由当下特定对象引发的，而历史经验则是对不在场、至少不完整在场存在的感应。

安克斯密特将历史经验归纳为"客观"、"主观"和（狭义）"崇高"三种类型，客观的历史经验涉及的是"在历史考察的对象那里，人们如何经验其世界"，主观历史经验则是指"历史主体对过去的经验"，这种经验是在已有历史学家对过去的考察和叙述的语境前提下摆脱或超越历史认识而产生的直击本心式的体验。崇高的历史经验则是关于有一个过去这样的历史意识或历史感，这通常是一种对"无可挽回地永远失去了的先前的世界"的创伤性经验。（第208-209页）客观历史经验作为我们是如何经验自己的世界，及过去人是如何经验他们的世界的体认，无论在理论上还是实践中都已为"历史主义"和"心态史"、"日常生活史"所提出和仔细耕耘过，安氏在广义崇高历史经验主题下着重关注的是后两种历史经验。

在本书第七章"主观性历史经验：作为挽歌的过去"中，安克斯密特通过瓜尔迪的画《随想》、洛可可装饰画甚至他自己自传性的因病卧床经历从各个方面对主观历史经验作了各种提示，这种经验是某种机缘凑合下发生的突然与过去"撞个满怀"的惊艳经历。理解这一以及全部历史经验的要点是认识论与叙述语境的跳出与摆脱，普鲁斯特在《追忆似水年华》开头所描绘的将眠未眠或将醒未醒的意识状态、禅宗以"棒喝"所欲达到的，均是此种效果。日本收藏家坂本五郎自传中讲的一个小故事对我们理解主观性历史经验也许不无助益。作者由于不能理解表面看来毫无殊胜之处的朝鲜李朝时期陶器为何受到内行的激赏而向民间艺术大师柳宗悦请益，为了启发他，柳假设了这样一个情景：我们几个人去散步，途中有一小山包，我们漫步上去之后却见一老者已先期在此，由于并非景致绝佳之地，于是我们对他在此逗留的目的产生好奇，观景、寻物、等人？似乎都不像，一问之下，老人答曰："只是站着罢了。"柳氏这时转过来对坂本说：李朝陶器之美，不是正如这位老人的心境一样吗？后者由此悟到，"李朝之美，只是站着"。[4] 这个故事中那位老者回答之出人意表之处，其实就是跳出日常思维的结果，同时，亦暗合于前引安氏关于历史性经验只在与事物的表面接触处的观点，老人在那"只是站着"本是直接可见一目了然之事，可是在认识或真理心态的影响下，我们往往不由自主地刻意求工，结果是越求越远。诚如安克斯密特所言："甚至与最简单的人对这个世界之经验的完满丰富性相比，最深刻的理论也不过是庸俗的深渊。"（第 224 页）

如果说主观的历史经验涉及的是在"历史主义之外"的历史感受，那么，崇高历史经验则是回到"历史主义之前"，它提出的是这样一个问题，我们是如何感受到曾经有一个过去的，换言之，关于历史性过去的观念是如何进入我们心中的？大哉问也，这是关于"人类历史意识的本质和缘起"之问。（第 11 页）

正如福柯所示，今天我们感觉自然而然的东西，在其根柢上其实是文化的产物，包含一定的人文意义。就此而言，人类历史意识并不是简单时序经验的产物，虽然当下看来，它似乎可以由太阳一次起落所分割的昨天、今天标示出来的，在究竟至极的意义上，关于我们身后有一个不可逆的过去的观念乃是平滑时间之流中断裂性创伤经验的结果。在此，"创伤可以看作崇高者的心

---

[4] ［日］坂本五郎：《一声千两：收藏家坂本五郎自传》，吴罗娟等译，武汉：湖北美术出版社，2005 年，第 182–183 页。

理学对应物，而如崇高者可以看作创伤的哲学对应者"（第269页）。在西方文化传统中，历史意识其实首先是在神话中显露出来的，神话本质上都是"失乐园"，当神话被讲述时，我们总是已然从那个完美（无虑衣食、无死无生）和自然（赤裸、无忧）的状态跌跌撞撞地进入历史世界，我们被抛出自然的子宫，进入一个充满不测与敌意的世界。神话本质上是人类的童话，就像我们的童年记忆，在此，要点不是吹求其想象的玫瑰色，而是由之领悟时间的历史经验实质。崇高历史意识的结构在于"发现（失去）和恢复（爱）过去的互补运动"。"当我们谈及过去时，失去与爱的感受奇特地交织在一起——一种结合了痛苦和愉悦的感受"（第7页），这正是所谓的"乡愁"。神话只是乡愁式崇高历史经验的原初形态，在人类历史中，上至"文艺复兴"、"法国革命"，下至"避孕药"和"游戏机"出现这样的实际事件，都具有导致生活世界场景变化的划时代意义，在生活世界发生急剧变化的年代里，生活于其间的人想起从前每每有恍如隔世之感，历史感的有无从根本上说是人与动物之别，在更深刻的意义上，则是史工与史家之别。

那么，历史经验究竟有什么用？究竟而论，可以说没什么用，因为，它本身就是目的，这就好像不能说爱的作用是"培养下一代"（安氏在书中谈及历史经验时每每提及"爱情"及"浪漫主义"的话）。当然，爱确乎往往引向新生命的诞生，在这个意义上，对于有这种经验的人来说是它也会产生一些后果的。不过，对这种作用与其从认识层面不如从写作层面上去理解。安克斯密特一再强调历史经验的非认识论维度或趣向，认为"我们如何感受过去与我们对过去知道些什么同样重要——或者更有甚之"（第8页，引文中楷体原文所有，下同）。他告诫读者："为正确评估本书考察的历史经验概念，我们需要有割裂真理与经验的勇气。"（第9页）在这一意义上，我们关于历史的经验与柯林武德所说的"过去的重演"无关，但是，"历史经验会让历史学家以某种方式看待过去，就像一声炮响会让我们去看某个方向"（第184页）。仍然以"爱"为喻，对其有刻骨铭心感受的人，不论作为作者还是读者，对爱情的描写与理解肯定与白丁不同，并且，这种不同非由才华、文字能力等认识性的特点可以解释。在安氏看来，圭恰迪尼、托克维尔、米什莱、布克哈特和赫伊津哈都是具有"使经验开口"能力的伟大"历史写作诗人"。（第184页）那么，强调经验根基之于历史理解的重要性，会不会有这样的隐患，导致只有女人、工人或中产阶级才能懂得和写作相应的历史呢？《经验之歌》的作者杰伊（Martin Jay）的这一疑虑的确值得考虑。[5]

最后有一点需要提及的是，当安克斯密特畅论历史经验时，并不意味着对历史认识、史学文本研究乃至传统史学实践的摒弃和排斥，"对这一切，本书全无异议"（第11页）而只是希望在此之外另觅胜境，当然，由此提出的历史认识、史学话语与历史经验间究竟至极的关系，则有待进一步探讨。

"历史经验"是安氏此著的主要笔墨所在，因此，它理所当然地占据了这篇书评的主要篇幅，但此书胜义岂止于此，下兹举

---

[5] Martin Jay, *Songs of Experience*, University of California Press, 2004, pp. 253-254.

数端。其一，超越"语言转向"的大家风范与勇气。这固然与其在哲学上的深厚学养有关，对我们有启示意义的是，他视历史哲学的生命力在于与主流哲学对话，并为其提供思想养分。其一以贯之的理论自信与勇气在本书中的另一表现，是他公开申明他的书不打算"劝说任何人相信任何事"（"前言"第4页）。其二，与此相关联，他在书中对卢梭、杜威、罗蒂、伽达默尔、维特根斯坦、戴维森从英美到欧陆哲学家观点的独到把握与点评，相信对关心相关学术观点与论题的读者都会有相当的启发。就个人学思所及，感受较深的是他对伽达默尔在"经验"问题上强调的还只是经验的历史性，而未能达致历史性经验本身的批评，以及他对维特根斯坦"私人经验"论述的独特处理。其三，在理论观点方面，其非认识论、超语境论及其关于真理的见解值得注意，尤其是关于历史主义的研究可以说尚未但理当引起更广泛的关注，其关于艺术的思考代表了当代人文思想的重要一脉。

最后，对本书中译稍赘数言。我一贯视信实的翻译为嘉惠学林之功德，就此而论，中译者杨军先生的译文相当准确，在文字方面亦颇见功力，其成绩毋庸置疑。当然，其中亦不无小疵。导论"六"译为"使用说明和警告"，译得过实，"使用"字样读来像是某种产品说明书；第五章注23原文的 Gadamer 被误植为 Grondin；第八章第279页中"被迪昂－奎因理论明确排除的单一重要科学实验"句，Duhem 的通译是"杜恒"，"单一重要科学实验"原文为"crucial single scientific experiment"，表面看来没有问题，但考其学术内涵，其意实为"单一判决性实验"，这属于对内容不熟悉导致的硬译，遂令词意模糊。最后，第157页

"当康德使用一种'超验美学'的概念时"句，"transcendental aesthetics"实为"先验感性"而非"超验美学"。亦属对康德哲学不够了解所致。这提醒我们，对涉及相对陌生内容的翻译要倍加小心才行。

评杰克·古迪《西方中的东方》

张正萍（浙江大学历史学系）

杰克·古迪：《西方中的东方》，沈毅译，杭州：浙江大学出版社，2012 年，345 页。Jack Goody, *The East in the West*, Cambridge University Press, 1996.

如何审视东西方世界历史和文化的独特性和差异性，如何解释近几百年来西方世界对东方世界的压倒性优势，这些问题一直困扰着历史学家。有一种"欧洲中心论"认为，自古希腊文化以来，西方文化经文艺复兴、宗教改革至工业革命后，欧洲历史的这一系列具有独特性，并一直具有对东方文化的优势。这种观点随着"反欧洲中心论"的全球史观兴起而逐渐瓦解。后者的代表人物诸如经济史学家贡德·弗兰克以及汉学家彭慕兰，他们的研究成果唤起人们重新面对东方的欲望，却仍具有另一种"欧洲中心论"的嫌疑[1]。杰克·古迪的历史人类学研究也在这一被批评

---

[1] Richard Duchesne, "Eurocentrism and Historical Variety," in: *Science and Society*, Spring, 2003, pp. 100-104.

的系列之内。这种批评不加区别对待所有这些学者的历史研究并不妥当，每一位研究者的意图和视野都需要审慎对待。在笔者看来，杰克·古迪在其著作《西方中的东方》中的论断是否如一些人所论是"反欧洲中心论的欧洲中心论"，这是值得商榷的。

一

　　杰克·古迪涉猎广泛，从读写能力、教育改革到家庭和婚姻模式，从当代非洲口述文化到古希腊字母文化系统，从西方的理性精神到东方的交流模式，这些庞大问题都被置于不同于布罗代尔的另一种"长时段"研究之中，最后的论断总是尖锐地挑战西方历史与文化的独特性和优越性，批判西方理性的优越性、理性精神与宗教精神对商业活动的优越性。《西方中的东方》正是在这样一种"对社会和长时段历史的无所不包的眼光"[2] 下对欧洲中心论的又一次严厉批判。古迪在书中重新反思了西方和东方的理性精神及其与商业活动的关系，并以对东方经济尤其是印度的经济发展的分析反驳马克斯·韦伯等学者对东西方历史的传统认识。古迪还在东方的家庭模式和交流模式中发掘了它们对促进商业活动千丝万缕的联系，这一发现不仅有助于西方重新认识东方，更有助于在近代落后于西方的东方社会重新反思自身的文化传统。因而，《西方中的东方》没有像约翰·霍布森的《西方文明

---

[2]　玛利亚·帕拉蕾丝－伯克编：《新史学：自由与对话》，彭刚译，北京：北京大学出版社，2006年，第3页。

的东方起源》[3] 那样着力于"东学西渐"式的分析，而是从青铜时代及其城市革命以来比较分析东西方文明各自的独特性，进而将各种不同的文化发展模式展现在东西方的读者面前，供其对照反思。

在《西方中的东方》的序言中，古迪批驳了形形色色的欧洲中心论：或以韦伯为代表的以西方理性、经济伦理等欧洲人文主义传统作为其优越性的理由；或强调历史变迁对不同社会影响的"世界体系理论"，或认为其他地区可以拷贝西方现代化而走上现代化进程。所有这些，在古迪看来都只是不同层面强调西方的独特性而忽视东方早期的优势，更没有对东方早期的成就作出像后来西方成就那样客观中肯的解释。古迪写作本书的目的就在于：我们应该通过质疑我们原先所阐释的关于西方理性、西方贸易和西方家庭等问题的适宜性，及其我们所谓的"现代化"、"工业化"或"资本主义"等进程的那种牵强附会的关联性，来重新审视对待相关议题的方式方法问题（第10页，中译本，下同）。这种质疑首先从对理性的反思开始。

西方人所认为的独特理性有两种：一是以古希腊理性为特征的古典人文主义传统，二是自文艺复兴以来的某些特定理性形式，后者为韦伯等学者所持。这两种理性都常常被西方世界用来强调其文化独特性，尤其是理性精神对经济发展链条的促进作用。古迪批判了这两种理性的独特性，并指出在其他文明中同样存在着类似的形式"逻辑"。在概念上，西方的理性指的是人们推理与运用逻辑的能力，是发现事件彼此之间的关联和序列的能

---

[3]　约翰·霍布森：《西方文明的东方起源》，孙建党译，济南：山东画报出版社，2009年。

力。这种理性和逻辑推理的能力，存在于古希腊人的书写文化中，也存在于阿赞德人的口述文化中。（第15页）亚里士多德的三段论推理是否能真正探寻到真理，即便在西方也有不同的声音。在近东的美索不达米亚文化中，出现了类似于古希腊三段论的推理形式。而在远东的印度、中国和日本的宗教文化中，辩论和类似的逻辑推理与西方并没太多不同。古迪甚至分析了中国古代名家、墨家和儒家的理性思维，指明"无论是在中国还是在西方，理性分析（或活动）——除了形式哲学之外，都从来没有停顿过"（第26页）。因此，通过考察理性思维在东西方历史的发展，古迪认为东西方的思想中并没有截然相反的理性精神，西方的理性与逻辑在东方能找到类似的对应。人类心灵在探究真理的道路上往往殊途而同归。所谓"西方中的东方"，是指在西方的文化中发掘对应的东方，而非生拉硬扯拼凑东西方的相似之处。但古迪同样承认，"某些因素的出现，确实有助于改变人类表述问题以及解决问题的方式，转换长期形式的人类认知操作模式，从而在原有的基础上增添新的能力"（第33页）。从这一论断中可以看出，古迪绝非要抹杀东西方文化的差异性及其变革性而只寻找其相似之处。

另一种理性精神与经济发展链条密切相关，这就是韦伯及其追随者所主张的"形式理性"（第35页）。这种理性显然与古希腊的理性存在关联，但经韦伯的分析，这种理性变为"对世界的理性把握"，相应地，儒学则成为"对世界的理性适应"（第36页）。韦伯回应的问题是：为什么是西方最先开创了现代性或资本主义，这个关于"现代性"的重大问题，是迫切需要回答的。古迪的反驳首先采取了另一种"长时段"的视角。他认为，从更大的时间跨度来看，资本主义的领先地位不过是近两百年的事情，而在此之前很长一段时间内，东方的工商业产品始终在世界市场占据着重要的地位，更重要的是，当今不断崛起的东方世界在现代化进程中正在奋起直追。这一反驳对于人们有关"现代性"的追问来说并不那么有力。因而，古迪选取了韦伯、熊彼特等所看重的簿记制度进行进一步的反驳。在韦伯、桑巴特、熊彼特等学者看来，簿记制度在现代资本主义发展过程中发挥着重要作用。古迪描述了地中海世界自古希腊以来的商业兴衰过程，在其商业衰败期间，东方正经历着商业繁荣；而在西方繁荣时期采纳的不同形式的会计、财务和簿记制度，则早就在中世纪的开罗以及南亚和东亚社会出现，而中国自汉唐以来就已存在各种形式的记账方式。古迪对东方簿记制度的分析，直接反驳韦伯对东西方理性的论断，也就直接反驳了西方理性独特性的说法。

对西方资本主义独特性的又一次反驳，是古迪对印度中世纪、殖民早期和殖民之后的贸易、商业和工业发展状况的实例考察。他首先考察了印度这个东方大国在欧洲"封建社会"那段历史时期在世界贸易中的重要位置。古迪概略性地描述了印度的玛瑙贝、红玛瑙以及布料这些货物在频繁的海上贸易中错综复杂的市场交换关系，繁荣而规模不小的城镇以及兴旺的行业生产。这一描述揭开了印度贸易景象的一角，冲击了那些"僵滞的印度"的思维定式。进而，古迪以对印度古代生产方式的分析破除了马克思那种认为印度是乡村社区自足经济、那种"亚细亚生产方式"的魔咒。乔杰马尼制度，这种"出现在印度乡村中的、无需使用'现金'流通的、以粮食即期或延期换取物品和服务"的制度（第 105 页），常常被许多学者视为印度经济的早期阶段，或者赋予宗教意义上的解释；而且印度经济中还有另一种现象，即每个行业的从业人员之间存在着亲戚关系。从社会制度或生产模式的层面理解这些经济现象，似乎的确与所谓的"资本主义"（或许说市场经济更为妥当）不兼容，但古迪认为还要从认知的层面（个人的以及人际之间的）来理解（第107页）。印度社会固然存在不以货币为交换手段的乔杰马尼制度，但并不意味着整个印度全都是这一种经济模式，或者不存在市场性的交换活动。在古迪看来，所谓"非市场性"的交易与市场交易并存于印度社会，商人的活动尽管在意识形态上受到轻视，但商业活动仍然普遍存在着。古迪对印度被殖民以前的历史考察表明：印度经济的发展有其自己的特色，其市场性与非市场性活动总是很难分离或者对立起来的，其"自足经济"并非完全的自闭，其市场经济同样在顽强的发展。而古迪对印度被殖民后的工商业考察则试图表明：在某些时期，印度经济与西方经济一直处于并行发展的状态，无非出现这样的情况：前者可能在此一领域超越了后者，而后者可能在彼一领域先于前者。（第150页）尽管古迪认为，在宗教上，印度的各种教派对商业活动的影响不至于大大超过其他宗教的影响，在市场上，十七八世纪的印度市场与欧洲并没有太大差别，而印度19世纪以后的棉纺织业已经获得了一定的工业化进程，但这种"平行发展"的结论似乎还有待于详细的经济数据来进一步论证。

作为一位西方学者，古迪对认识东西方世界最有启发性的一点是他对东方的家庭、婚姻与生产方式的理解。在印度、中国和日本的社会结构中，以家庭、家族或宗族为单位经营某种生意的商业行为，在现代工业生产时期取得了相当大的成功。古迪采取了罗德尼关于"资本主义的集体主义精神"的说法，这一说法的确能够反映以血缘、姻亲为纽带的东方经济的发展特征。这种与西方资本主义所具有的"个人主义精神"的确很不相同，但其发展结果在某些时期并不逊色于西方，甚至还可能超过西方。最有意义的是，这种家族财阀式的企业模式传承下来，并随着"亚洲四小龙"的经济奇迹为经济学家们所关注。因而，古迪认为"那种认为东方的经济发展受阻于家族关系的观点"（第176页）是完全错误的；而且，即便是西方资本主义的经济的发展过程中，家庭、家族也曾扮演着重要的角色。从西方家庭的编年史来看，个人化和集体化在西方的各个国家表现并不全然相同，家族企业一直是经济发展的重要角色，尽管企业结构会随着时代不同发生一些变化，但这一例子至少可以说明，家族或宗族这种经济组织形式是促进还是阻碍了东西方的现代化进程没有十足的影响力。古迪告诉读者，如果从生产模式、资本主义、现代化、工业化这些西方发明的知识体系考察东方历史，西方的历史序列自然独一无二，因为东方世界一没有自主行进在西方的进程中，二也没有发明不同的术语来描述自身的历史发展；但若从东方本身的历史出发，东方人眼中的全球史观已然不是"欧洲中心论"所认为的那样，而且，东方经济发展的动力应该从东方的"独特性"中得到解释。在当代资本主义的发展中，东方的"独特性"或许对于西方来说可能还具有一定的参考价值。

二

　　古迪的出色工作令人叹服，但他显然为其他学者遗留了很多亟待研究的问题。比如，古迪对东方商业资本主义发展历史的描述，尤其是印度、中国14—16世纪海上贸易以及内陆贸易的历史细节，这些都有待于学者们更翔实的考证。另外，从商业资本主义到工业资本主义的转型，东方同时并存的"自足经济"与市场经济是如何实现的？这种并存模式是否导致了东方与西方不同的市场经济模式。笔者注意到，古迪在描述印度贸易、工商业的发展状况时，虽然尽力说明印度也具有西方资本主义的"嫩芽"，但这些"嫩芽"的发展力量究竟有多大，它们对于整个印度或某个地区的经济发展的影响究竟有多大，正如有些学者对中国明清经济具有资本主义萌芽的特征一样，这些问题都需要得到有力的证据。

　　而与之相关的是，在对东西方经济实力的比较中，尽管古迪像贡德·弗兰克一样得出某个历史时期东西方平行发展[1]的观点，但读者仍然希望知道：既然东西方有这么多的相似之处，为什么东方的现代化进程如此艰难？即，对所谓"现代性"的反思[2]。古迪在接受玛利亚·帕拉蕾丝－伯克的采访中涉及这一问题。他提出"我们以何种方式才是独一无二的呢？""我们"是指西方。这是一个很好的反问。为什么西方的历史序列是"独一无二"的，并优越于东方？仅仅因为西方在近几百年来超过了

---

[1] 贡德·弗兰克：《白银资本——重视经济全球化中的东方》，刘北成译，北京：中央编译出版社，2000年。

[2] 魏孝稷：《破除"欧洲中心论"的困境及出路———从〈偷窃历史〉谈起》，载《史学理论研究》，2011年第3期，第148页。

东方就要将这种"独一无二"强加到全球史观之上？古迪认为这种观点没有充分的依据，而且"将现代性解释为所谓西方特质如个人主义、理性主义和家庭模式的结果，这样的看法妨碍了我们对东方和西方达到深层次的理解。"[3] 自始至终，《西方中的东方》流露出来的态度都是希望能够正确理解、认识和评估东西方历史的各自特征，摒弃某种自傲的"中心论"以及盲目的民族主义。

就整个文明史而言，古迪坚信东西方世界在更长的时段中呈现出钟摆状态："东方在某一个时期的某一些成就方面走在了西方的前面；而西方则在另一个时期的另一些成就方面超前于东方。在其他的一些时期，东西方世界的发展步伐是一致的，或相互适应（因为相同的背景同样使之成为可能）。""这样的一种钟摆运动，至今仍在进行。现在，在许多经济事务方面，东方世界正在开始左右着西方世界。"（第 256 页）古迪在人类学和历史学的视野中对一些庞大主题的考察，例如东西方的文化以及家庭和婚姻模式、生番族的驯化等，对这种"钟摆"理论作了一部分证明。另一部分证明需要东方学者自己作出。

在众多"欧洲中心论"批判声中，古迪的批判尤为尖锐。正如他自己所说，他要处理的是"一个过程而不仅仅是一种两分法"[4]，这说明古迪并不想以突出东西方的各自特征来强调某一方的优越或落后，而是希望在历史学和人类学的考察之下，清楚地认识东西方各自在文化、宗教、经济、社会等方面的特征。尤其是，当历史的钟摆仍在运行之中，东西方世界如何面临当代的发展和困境时，正确认识自己和他者的历史，有助于自身的发展，

[3] 玛利亚·帕拉蕾丝－伯克编：《新史学：自由与对话》，第 12 页。
[4] 同上书，第 24 页。

也有助于整个人类的发展。这样一种观点是否真的是"反欧洲中心论的欧洲中心论"呢？笔者以为，如果硬要将古迪对认清西方自身历史的努力视为某种"中心论"的话，古迪的历史人类学考察还是有这种"嫌疑"的。

Contents

图书在版编目（CIP）数据

文化记忆与历史主义. 第1辑/ 陈新，彭刚主编. —
杭州：浙江大学出版社，2014.1
（历史与思想）
ISBN 978-7-308-12867-4

Ⅰ.①文… Ⅱ.①陈… ②彭…Ⅲ.①史学－文集
Ⅳ.①K0－53

中国版本图书馆CIP数据核字（2014）第019722号

历史与思想 第一辑：文化记忆与历史主义

陈新 彭刚 主编

责任编辑	王志毅
文字编辑	王 雪
装帧设计	王小阳
出版发行	浙江大学出版社
	（杭州天目山路148号 邮政编码310007）
	（网址：http://www.zjupress.com）
制 作	北京百川东汇文化传播有限公司
印 刷	浙江印刷集团有限公司
开 本	640mm×960mm 1/16
印 张	15
字 数	168千
版 印 次	2014年3月第1版 2014年3月第1次印刷
书 号	ISBN 978-7-308-12867-4
定 价	54.00元

征稿信息

　　《历史与思想》旨在建构一个人文学科、社会科学、自然科学的学术史、思想史交流平台，以期在诸种思想形成、演化、传播、碰撞、融通之历史情境中，认识和理解人类思想之复杂性和多样性，以及其中的差异性和共同性。

　　《历史与思想》常年接受历史哲学或史学理论、史学史、文学史、哲学史及其他人文社会科学学科思想史、自然科学思想史稿件。重在原创，论题不分中外。

　　本出版物由浙江大学出版社出版，暂定每年出版一期，每期约20万字。

　　本出版物栏目有三：一为专论，二为评论，三为书评。

　　专论以2万~3万字为宜，短小精悍上佳，宏篇大论亦可放宽字数。

　　评论即专题评论，可对某一主题若干重点书目做综合性的阐释，1万~2万字为宜。

　　书评为研究性书评，不止于介绍内容，希能剖析源流、总结得失为佳，5000字上下均可。

　　本出版物来稿必复，严格执行双向匿名审稿，并将及时告知收稿与审稿意见。来稿请寄 historyandthought@163.com 。

《历史与思想》编辑部

2014 年 1 月